www.tredition.de

AF185752

Mathias Hahn

Das ABZ der Geldanlage und Börse

Eine Einführung – von einem, der bereits mit 23 Jahren erfolgreich für eine Bank investierte

www.tredition.de

© 2016 Mathias Hahn

1. Auflage 2016
Lektorat, Korrektorat: Anna Stöppel
Verlag: tredition GmbH, Hamburg

ISBN
Paperback   978-3-7345-2834-7
Hardcover   978-3-7345-2835-4
e-Book   978-3-7345-2864-4

Printed in Germany

Inhaltsverzeichnis

Abkürzungsverzeichnis

AA	Ausgabeaufschlag
ABS	Asset Backed Securities
AG	Aktiengesellschaft
AR	Absolute Return
AWD	Allgemeiner Wirtschaftsdienst
CDS	Credit Default Swap
CPPI	Constant Proportion Portfolio Insurance
DAB	Direkt Anlage Bank
Dax	Deutscher Aktienindex
EZB	Europäische Zentralbank
Fed	Federal Reserve
GBP	britisches Pfund/Great Britain Pound
GTC	Good Till Cancelled
ISIN	International Securities Identification Number
MLP	Marschollek, Lautenschläger und Partner
OVB	Organisation für Vermögensberatung
WKN	Wertpapierkennnummer

1. A

Abgeltungssteuer

Die *Abgeltungssteuer* (*A.*) ist eine in Deutschland gültige pauschale Steuer auf Kapitalerträge.

Sämtliche Kapitalerträge wie Zinsen (egal ob aus einem Sparbuch, einer Tagesgeldanlage oder einer Anleihe), Dividenden oder Kursgewinne werden in Deutschland mit einem einheitlichen Steuersatz besteuert. Nur derjenige, der einkommensbedingt einen geringeren persönlichen Steuersatz hat, kann rückwirkend zu viel gezahlte Steuer zurückerhalten. Die A. wird sofort, praktisch noch vor Gutschrift auf dem Kundenkonto, abgezogen.

Die A. beträgt 25 %, plus 5,5 % Solidaritätszuschlag (5,5 % von 25 %), insgesamt also 26,38 %, zzgl. eventuell Kirchensteuer.

Wer 10.000 Euro angelegt hat und im Jahr 4 % Zinsen erhält, bekommt am Tag der Zinsgutschrift nicht die vollen 4 % (400€), sondern nur 294,48€ auf sein Konto ausbezahlt. Die restlichen 105,52€ beziehungsweise 26,38 % der Zinsen werden von der kontoführenden Bank direkt an den Staat abgeführt.

Absolute Return

auch Total Return, bezeichnet das Vorhaben jedes Jahr eine positive Rendite zu erzielen, grundsätzlich unabhängig von einer üblichen Benchmark – eben eine absolute positive Rendite.

Fonds mit einer klassischen Benchmark, bspw. einem Aktienindex, versuchen relativ zum Index gut abzuschneiden. Verliert der Vergleichsindex 15 % und der Fonds hingegen nur 14 %, ist das ein gutes Ergebnis. Etwas anderes kann man dann als Anleger im Grunde nicht erwarten.

Verfolgt ein Fonds einen Absolute-Return-Ansatz, kann er dies in unterschiedlichen Fondskategorien tun. So zum Beispiel in Form eines Misch- oder Dachfonds. Aber nicht jeder Dach- oder Mischfonds investiert nach einem Absolute-Return-Prinzip.

Man könnte auch einige Hedgefonds als Absolute-Return-Produkte bezeichnen – es gibt keine unangefochten feststehende Definition.

Aktiengesellschaft (AG)

AG

Eine AG ist eine von mehreren möglichen Formen eines Unternehmens. Sie unterscheidet sich von manch anderen Unternehmensformen unter anderem darin, dass die *Aktionäre* (die Eigentümer einer AG) nur in Höhe ihrer Investition einen Verlust erleiden können. Das ist zwar immer noch ein Totalverlust, jedoch müssen Eigentümer von anderen Unternehmensformen teils zusätzlich mit ihrem gesamten Privatvermögen haften.

Ein weiteres Merkmal ist die grundsätzlich einfache Übertragbarkeit der Anteilsrechte (in diesem Fall *Aktien*). Dabei ist jedoch nicht jede AG auch börsennotiert.

Wenn eine Umwandlung eines Unternehmens in eine AG erfolgt und mit einem *Börsengang* verbunden ist, geschieht dies meist mit der Absicht neues Kapital für Investitionen einzusammeln. Das Geld kann aber von den Gründern des Unternehmens auch neue Geschäftsideen in anderen Bereichen oder kostspielige Hobbys genutzt werden.

Aktionär

Ein *Aktionär* ist eine Person, die Aktien einer *AG* besitzt.

Aktie

ist ein Wertpapier, das ein Anteilsrecht an einem Unternehmen ›verbrieft‹.[1]

Als Aktionär eines Unternehmens (einer Aktiengesellschaft) sind Sie Miteigentümer. Dies bedeutet, dass Sie bestimmte Rechte haben. Zu unterscheiden ist diese Stellung jedoch deutlich von der des Geschäftsführers oder *Vorstands* wie diese Position in Aktiengesellschaften genannt wird.

Grundsätzlich kann man Aktien also mit der Absicht erwerben, die Unternehmensentscheidungen bspw. auf der Hauptversammlung mitzubestimmen. Da man jedoch mit einem für normale Bürger finanzierbaren Anteil keinen entscheidenden Einfluss ausüben kann, werden Aktien in den meisten Fällen erworben, um sie nach wenigen Sekunden bis mehreren Jahren wieder mit Gewinn zu verkaufen und/oder eine regelmäßige Dividende zu erhalten.

Meist sind von einem Unternehmen mehrere Millionen Aktien im Umlauf. Wobei es möglich ist, nur eine einzige zu besitzen. Wirklich verbrieft, sprich in echtem Papier vorhanden, sind Aktien dabei kaum noch anzutreffen – im Normalfall gibt es nur ein einziges Stück Papier, die *Globalurkunde.*

Von der Lufthansa AG existierten beispielsweise im Mai 2016 genau 464.539.000 Aktien und jede davon hat die gleiche *WKN* (Wertpapierkennnummer) und weist einen identischen Wert auf. Theoretisch können Sie alle kaufen. Jedoch werden mal mehr, mal weniger viele Aktien von strategischen Investoren über Jahre hinweg gehalten, so dass Sie ›nur‹ wenige Millionen Aktien spontan erwerben können. Angenommen im Laufe eines Jahres werden an der Computerbörse Xetra täglich etwa fünf bis zehn Millionen Aktien gehandelt. Im genannten Fall bedeutet dies, die Besitzverhältnisse in Höhe von nur rund 1-2 % verändern sich also damit an einem durchschnittlichen Tag.

Aktienanleihe

Eine *Aktienanleihe* ist sozusagen die zur Anleihe gemachte Form eines Short Puts (siehe *Optionsschein*). Sie erhalten eine überdurchschnittliche Verzinsung und wenn die Aktie abstürzt – herzlichen Glückwunsch – bekommen Sie die Aktie. Denn dies ist Ihre

Verpflichtung im Gegenzug für den Erhalt der über dem marktüblichen Zinssatz liegenden Verzinsung. Der Emittent der Aktienanleihe hat sich also über Sie gegen einen Verlust abgesichert. Im Allgemeinen kein gutes Geschäft für Anleger.

Aktienfonds

Ein *Aktienfonds* ist ein Investmentfonds, der ausschließlich oder zum überwiegenden Teil in Aktien investiert.

Je nach Anlageschwerpunkt kann man Aktienfonds wiederum in verschiedene Unterkategorien einteilen: Zum Beispiel nach Region (Aktien Welt, Europa, Osteuropa u.v.m.) oder Branche (Rohstoffaktien, Technologieaktien u.v.m.).

Manche Aktienfonds müssen entsprechend ihrer Anlagebestimmungen immer voll in Aktien investiert sein, andere wiederum nicht. Sie können bei Erwartung negativer Kursentwicklungen Geldmarktanlagen beimischen, etwa indem sie nur zu 60 % in Aktien und zu 40 % in Geldmarktanlagen investiert sind – was jedoch nicht unbedingt mal eben erfolgreich umzusetzen und somit nicht ohne Weiteres anzuraten ist.

Aktienindex

Abbildung der Bewertung eines definierten Aktienportfolios zu einem bestimmten Zeitpunkt.[2]

Das Ziel ist es, den Börsianern die allgemeine Wertentwicklung eines Marktes oder eines speziellen Bereiches aufzeigen zu können. Ein Aktienindex enthält eine festlegte Menge genau bestimmter Aktien und je nach Wertentwicklung dieser Aktien in einer bestimmten Sekunde oder an einem bestimmten Tag, fasst der Kurs eines Aktienindex die Tendenz dieser festgelegten Gruppe von Aktien in einem Kurs zusammen. Dafür werden in den meisten Fällen je nach Größe einer AG im Index unterschiedliche Gewichtungen vorgenommen.

Der bekannteste deutsche Aktienindex *Dax* enthält genau 30 Aktien. Entsprechend ihrer Größe/ihres Börsenwertes haben manche Aktien zum Beispiel 4 % und andere nur 1,5 % Gewicht. Wenn an einem Tag 15 Aktien steigen und 15 fallen, kann dies also auch bedeuten, dass der Dax nicht stagniert, sondern leicht steigt oder fällt. Gleichwohl gewinnt man so einen Eindruck von der Tendenz des deutschen Aktienmarktes, je nach betrachtetem Zeithorizont, bspw. innerhalb eines Tages, einer Stunde oder eines Jahres. Der Dax wird praktisch sekündlich berechnet und kann in seiner Wertentwicklung von wenigen Minuten bis hin zu mehreren Jahren betrachtet werden.

Aktienkurs

Aktie A – Adidas: 106,60 Euro

Aktie B – Daimler: 66,15 Euro

Welches Unternehmen ist anhand dieser Daten mehr Wert?

a) Adidas

b) Daimler

c) kann man so nicht sagen

Welches Unternehmen mehr wert ist oder genauer gesagt, welches Unternehmen an der Börse aktuell höher bewertet wird, berechnen Sie wie folgt:

Sie recherchieren die Anzahl der ausgegebenen Aktien und multiplizieren diese mit dem aktuellen Börsenkurs derjenigen Börse, an der die Aktie am häufigsten gehandelt wird. Das Ergebnis wird auch *Marktkapitalisierung* genannt.

Im Beispiel hat Adidas rund 200 Mio. Aktien und Daimler rund 1,1 Mrd. Aktien (beides Stand Mai 2016) ausgegeben, sprich so viele Aktien gibt es von den Unternehmen. Folglich ist Adidas mit rund 21 Mrd. Euro Börsenwert/Marktkapitalisierung trotz des höheren Kurses weniger wert als Daimler mit etwas mehr als 71 Mrd. Euro Marktkapitalisierung. Somit lautet für die oben gestellte Frage die schlaueste und einzig richtige Antwort c)!

Denn der Kurs einer Aktie beziffert nicht den Wert des Unternehmens und spielt für sich genommen nur psychologisch eine Rolle.

Unternehmen entscheiden bei einem Börsengang ein Stück weit selbst, welchen Kurs sie am Anfang gerne hätten. Wenn ihnen also ein Kurs um die 15€ gefällt und der Vorstand davon ausgeht, dass das Unternehmen ungefähr mit 150 Mio. Euro bewertet werden wird, dann wird er 10 Mio. Aktien ausgeben. So ist der Weg noch schön weit bis bspw. 100€, ab denen dann eine Aktie rein optisch teuer aussieht. Wenn das Unternehmen diese Marke dann gegebenenfalls erreicht, kann der Vorstand sich nach Ankündigung aber auch einfach dafür entscheiden, jedem Aktionär pro Aktie zwei zum halben Kurs zu tauschen. Aus einer Aktie zu 100€ werden dann zwei Aktien zu 50€. Einfach so. Über Nacht. Das nennt sich *Aktiensplit* und funktioniert in beide Richtungen. Man kann den Kurs also auch größer erscheinen lassen, indem man zum Beispiel zehn Aktien zu einer zusammenfasst.

Aktiensplit

Mit einem *Aktiensplit* wird der aktuelle Aktienbestand einer AG in eine größere Zahl von Aktien aufgeteilt.[1]

Dadurch wird erreicht, dass der Aktienkurs nach dem Aktiensplit optisch günstiger erscheint. Die Marktkapitalisierung des Unternehmens bleibt dabei gleich.

Beispiel: Ein Unternehmen hat einen aktuellen Aktienkurs von 80€ und führt einen 1:4-Aktiensplit durch. Jeder Aktionär erhält nun für eine alte Aktie im Wert von 80€ vier neue Aktien, wodurch der Wert der neuen Aktien auf je 20€ sinkt. Die Summe aus Aktien mal Aktienkurs bleibt somit gleich.

Nehmen wir an, dieses Unternehmen hat 100 Mio. Aktien ausgegeben. Dann ist es bei einem Kurs von 80€ pro Aktie 800 Mio.

Euro wert. Nach dem Split verfügt es über 400 Mio. Aktien. Da durch diesen Vorgang der Börsenwert nicht verändert wird und auch nicht verändert werden kann, sind die Aktien nun 20€ je Stück wert.

Ein Anleger, der angenommen 4.000€ in dieses Unternehmen investiert hat, hatte vor dem Split somit 50 Aktien in Bestand. Da auch der Umfang seiner Beteiligung gleich bleibt, besitzt er nach dem Split 200 Aktien zu einem Wert von je 20€.

Alpha

Als *Alpha* wird im Anlegerjargon die Mehrrendite einer Anlage gegenüber der Benchmark bezeichnet. In diesem Fall wird die Benchmarkrendite auch Beta genannt.

Es gibt in diesem Zusammenhang auch sogenannte Alpha-Produkte, die nur die Leistung des Managements abbilden. Dadurch kann man marktneutral investieren und auch in Abwärtsphasen Geld verdienen. Allerdings ist man hierbei in hohem Maße vom Können des Assetmanagers abhängig und profitiert nicht von allgemeinen Aufwärtstendenzen.

Anlageklasse

siehe *Assetklasse*

Anleihe

Eine *Anleihe* ist eine Schuldverschreibung, die das Recht auf Rückzahlung des Nennwertes plus einer Verzinsung verbrieft.[1]

Eine Anleihe ist im Grunde ein Kredit in Form eines Wertpapieres. Anstelle des Kreditgebers stehen hier die Investoren wie etwa Privatanleger, Fonds und Banken.

Eine Anleihe wird emittiert, das heißt sie wird am Kapitalmarkt den Anlegern angeboten und durch den Kauf einer Anleihe zum erstmaligen Angebotszeitpunkt (Emissionszeitpunkt) stellen Investoren dem Unternehmen das Geld zur Verfügung. Wenn Sie eine Anleihe später erwerben, findet der Geldfluss nur zwischen Ihnen und dem Verkäufer statt. Für das Unternehmen, das die Anleihe begeben hat, ändert sich nur die Person, der sie zwischendurch die Zinsen und am Ende der Laufzeit das Geld zurückzahlen muss.

In den meisten Fällen wird ein fester Zinssatz bezahlt, der über die gesamte Laufzeit hinweg gleichbleibt. Der Kreativität sind allerdings keine Grenzen gesetzt hinsichtlich steigender, fallender, oder von irgendetwas abhängender Zinsen.

Emittenten von Anleihen sind unter anderem Banken, Staaten und Unternehmen.

Sie können Anleihen wie Aktien zum Beispiel über Ihren Online-Broker erwerben – auch zum Emissionszeitpunkt, das nennt sich dann wie bei Aktien ›Zeichnung‹. Beim Online-Broker DAB findet sich beispielsweise ein extra Button nur für Zeichnungsorders.

Die Unternehmensanleihe von Vodafone mit der WKN A1ZSXB läuft bis 01.12.2034 und zahlt jährlich am 01. Dezember 2,75 % Zinsen.

Sollte Vodafone zahlungsunfähig werden und das Unternehmen wird aufgelöst, erhalten erst die Investoren der Anleihe, soweit durch die verbliebenen Mittel gedeckt, ihr Geld zurück und danach erst die Aktionäre, wenn noch Geld vorhanden ist. Dies ist immer die Reihenfolge – Aktien bergen daher grundsätzlich mehr Risiko in sich als Anleihen.

Synonyme Begriffe für Anleihe sind: Bond, Rentenpapier, Schuldverschreibung, Obligation, verzinsliches Wertpapier

Asset Allocation

Die *Asset Allocation* ist die Aufteilung eines angelegten Vermögens auf verschiedene Assetklassen wie etwa Anleihen, Aktien, Immobilien und Cash.

Bei der Asset Allocation entscheidet man grundsätzlich längerfristig, wie man sein angelegtes Geld aufteilt – um damit seine persönlichen Ziele, wie Kapitalerhalt oder eine möglichst hohe Rendite, anzusteuern.

Wer seine Ersparnisse größtenteils auf einem Tagesgeldkonto hat und dazu ein paar Aktien besitzt, könnte zum Beispiel folgende Asset Allocation haben: 80 % Cash, 20 % Aktien.

Etwas ausgeglichener wäre etwa folgende Asset Allocation: 10 % Cash, 30 % Anleihen, 30 % Aktien, 10 % Immobilien, 15 % Hedgefonds, 5 % Gold und Silber.

Der Kapitalmarkt wird in unterschiedliche Klassen oder Anlagesegmente, *Assetklassen* genannt, eingeteilt.

Hierbei werden mögliche Anlageobjekte je nach Ähnlichkeit ihrer Eigenschaften in Gruppen eingeteilt. Die meisten dieser Assetklassen werden vom Großteil aller Marktteilnehmer einheitlich verwendet. Es kann jedoch bspw. auch vorkommen, dass ein Investor der Ansicht ist, dass Holz als Investmentobjekt eine eigene Assetklasse darstellt, während andere Marktteilnehmer Holz einfach der Assetklasse Rohstoffe zurechnen.

Die weithin einheitlich verwendeten Assetklassen sind:

- Aktien
- Renten (Anleihen)
- Immobilien
- Rohstoffe (z.B. Gold, Weizen, Öl)
- Geldmarkt (Cash)
- Hedgefonds
- Private Equity

Die einzelnen Assetklassen können dabei wiederum in verschiedene weitere Segmente eingeteilt werden. Aktien etwa werden meisten nach Regionen und Branchen eingeteilt.

Die Aufteilung des Vermögens in die verschiedenen Assetklassen ist wichtig für die Entwicklung des Anlagegeldes. Ein Gespräch zwischen befreundeten Vermögensverwaltern könnte sich zum Beispiel darum drehen, welche Assetklassen sie gerade für ihre Kunden bevorzugen und wie sie in diese investieren (»Ich habe gerade die Aktienquote zugunsten von Geldmarkt reduziert – wie bist Du gerade aufstellt?«).

Ausgabeaufschlag kurz AA, ist eine Vertriebsgebühr, die beim Kauf von Fondsanteilen anfällt.[1] Sie finanziert die Beratung, die manchmal aber auch nur eine ›Beratung‹ ist.

Wenn ein Fondsanteil angenommen x wert ist, er jedoch für x + 5 % von x verkauft wird, dann entsprechen die 5 % dem Ausgabeaufschlag. Bei Aktienfonds werden oft 5 % verlangt, bei Rentenfonds etwas weniger, häufig circa 3 %. Den Ausgabeaufschlag erhalten meist in nahezu vollem Umfang die Bank oder der Broker über den Sie den Fonds kaufen.

Beispiel: Ein Fonds kostet bei einem Kauf 44,94€ pro Anteil. Wenn Sie ihn zurückgeben würden um sich Ihr Geld auszahlen zu lassen, erhalten Sie aber nur 42,80€ pro Anteil – der eigentliche Wert des Fondsanteils. Der AA beträgt also in diesem Beispiel 5 % (2,14€ sind 5 % von 42,80€). Online-Broker verlangen oft einen geringeren AA als Banken.

Eine gute Übersicht können Sie auf der Seite von fondsweb.de sehen. Wenn Sie dort die WKN A1C7Y8 für den Mischfonds *DJE – Zins und Dividende* eingeben, können Sie (1.) den Rücknahmekurs, also den immer einmal pro Tag offiziell ermittelten Wert; sowie (2.) rechts darunter den aktuellen Börsenkurs und etwas weiter unten (3.) den standardmäßigen Ausgabeaufschlag sehen. Diese nehmen schon ein wenig den nächsten offiziellen Preis von morgen vorweg, da sie die heutige Entwicklung an den Märkten mit einpreisen. Es enthält somit erst die nächste offizielle Wertermittlung des Folgetages die Börsenentwicklung von ›heute‹.

Im Falle dieses speziellen Fonds werden Ihnen auf der rechten Seite auch die weiteren Anteilsklassen angezeigt. Diese verfügen über geringere Kosten und bieten die gleiche Leistung – bei Mindestanlagesummen von 75.000 und 3 Mio. Euro. Dies am Rande, falls für Sie von Interesse und Relevanz.

Außerbörslich   siehe *OTC*

»Ein Milliardär ist ein Mann, der auch mal ganz klein als Millionär angefangen hat.«

Jerry Lewis, amerik. Komiker

2. Fonds – eine Einführung

Investmentfonds, oder kurz Fonds, bündeln die Gelder vieler Anleger und investieren sie in Aktien, Anleihen und andere Assetklassen. Die Käufer eines Fondsanteils können dabei bereits mit einem geringen Betrag indirekt in verschiedene Wertpapiere investieren. »Mit einem geringen Betrag«, da man mit dem Kauf eines Fondsanteils am gesamten Wertpapierportfolio des Fonds anteilig beteiligt ist. Hat der Fondsmanager 2 % einer Aktie im Bestand, hat man selbst auch je Fondsanteil 2 % dieser Aktie ›indirekt‹ im Portfolio. Ein Fondsanteil kostet bei den meisten Fonds zwischen 10 und 100€ und ist damit grundsätzlich für praktisch jeden erschwinglich. Einige Fonds verlangen allerdings eine Mindestanlage von beispielsweise 500 oder 1.000€.

Eine wichtige Besonderheit von Fonds ist die Tatsache, dass sie im Unterschied zu Zertifikaten Sondervermögen darstellen. Dies bedeutet, dass das Fondsvermögen getrennt vom Vermögen der Fondsgesellschaft angelegt wird und im Fall eines Bankrotts der Fondsgesellschaft das Geld, welches man in Fonds investiert hat, weiter seins bleibt und nicht weg ist. Außer die Fondsgesellschaft ist nicht nur pleite, sondern auch ein Dieb – davon gehen wir aber mal nicht aus.

Es gibt Fonds, welche ausschließlich in Wertpapiere einer Assetklasse investieren sowie Mischformen – wie etwa *Mischfonds* – und andere flexible Fonds, bei denen der Fondsmanager aus mehr als zwei oder drei Assetklassen Wertpapiere auswählen kann. Dies ist beispielsweise bei vielen *Dachfonds* der Fall.

Aktiv oder passiv - das ist oft die Frage, die inzwischen zum Gradmesser für die gesamte Investmentphilosophie eines Anlegers geworden ist. Aktive Fonds kämpfen dabei mit Menschenverstand darum, besser als sein Vergleichsmaßstab (die *Benchmark*) zu sein – es gibt also einen Fondsmanager aus Fleisch und Blut, der tagtäglich überlegt (oder immerhin noch von einem nach seinen Vorgaben entwickelten Programm überlegen lässt), welche Wertpapiere er kaufen oder verkaufen könnte. Es kann beispielsweise sein, dass er dazu aus den 100 größten deutschen AGs auswählen kann, um den *Dax* zu schlagen.

Liebes Fachpersonal, welches dieses Buch liest, um sich an vermeintlichen Fehlern aufwerten zu können – dem Autor ist bekannt: Wenn der Dax seine

Benchmark ist, darf er streng genommen auch nur die 30 AGs aus dem Dax verwenden, um den Dax zu schlagen (etwa in dem er eine Aktie, die im Dax ein Gewicht von 4 % hat, zu 5 % gewichtet). Diese strenge Handhabung von Benchmarks ist für Privatanleger allerdings eher nicht zweckdienlich.

Passive Fonds wiederum sind Fonds, welche stocksteif eine einmal festgezurrte Strategie ohne menschliches Eingreifen durchziehen. Sie firmieren meist unter der Bezeichnung *ETF*.

Dabei kann man zum Beispiel einfach einen Index wie den Dax nachbilden: Steigt der Dax um 10 %, steigt auch der Dax-ETF um annähernd 10 % - super genau klappt das eher nicht, aber es funktioniert insgesamt ganz gut. Oder das Gegenteil vom Dax: Steigt der Dax, fällt der ETF und umgekehrt – das gibt es wirklich.

Oder: Kaufe die 30 der 50 *Euro-Stoxx-50*-Werte, welche im Verhältnis zu ihrem Kurs mehr Dividende ausschütten (als die anderen 20 Aktien), weil solche wegen der Dividende bestimmt beliebter bei den Investoren sind – diese Strategie gibt es ebenfalls.

Oder: Kaufe alle Aktien, deren Vorstände im Schnitt mindestens in der dritten Ehe leben, denn diese sind offensichtlich so arbeitsverliebt, dass ihre Partner früher oder später Reißaus nehmen – diese Strategie gibt es (noch) nicht. Oder, oder, oder…

Die Nutzung passiver Fonds ist inzwischen weit verbreitet – meist mit der Begründung, aktive Fonds seien zu teuer und schlügen zu selten ihren Vergleichsindex. Beides ist grundsätzlich richtig. Aktive Fonds kosten meist zwischen einem und zwei Prozent jährliche Managementvergütung, passive Fonds in vielen Fällen deutlich unter einem Prozent. Die aktiven Fonds, die langfristig ihren Vergleichsindex schlagen können, sind tatsächlich in der Minderheit. Mehr dazu im Kapitel 16 »In was investieren?«.

Es gibt bei den aktiven Fonds, die in nur eine Assetklasse investieren, noch ein nicht ganz unwichtiges Unterscheidungsmerkmal: Entweder sind diese grundsätzlich voll in ihre Assetklasse investiert, oder sie nutzen die Möglichkeit aus taktischen Gründen Positionen abbauen zu können, um diese in Geldmarkt umzuschichten. Grammatikalisch korrekt wäre vielleicht »in den Geldmarkt«, aber im Anlegerdeutsch wird eher »in Geldmarkt« gesagt. Man sagt zum Beispiel auch

»in Aktien gehen« anstatt »in Aktien investieren«, oder einfach »ich bin in Aktien/Anleihen«.

Es gibt also auch Aktienfonds, welche bei negativen Erwartungen für Aktien beispielsweise die Aktienquote auf 60 % reduzieren und zu 40 % in Geldmarkt gehen. Allgemein sind Aktienfonds mindestens zu 51 % in Aktien (oder eben als Anleihenfonds in Anleihen usw.) investiert – bis zu 49 % Geldmarkt sind also im Gegenzug möglich. Nur weil viele Fonds die Möglichkeit in Geldmarkt zu gehen in ihren Bedingungen festgeschrieben haben, machen sie jedoch nicht zwangsläufig davon Gebrauch. Man kann also leider nicht aus dem Fondsprospekt auf die Praxis schließen – als Hilfe könnte man sich einfach anschauen, wie der Fonds dies in der Vergangenheit gehandhabt hat. Es ist zwar sehr schwierig die Umschichtung und vor allem das erfolgreiche Reinvestieren in Aktien umzusetzen, kann jedoch in harten Zeiten den Puls eines Anlegers beruhigen und sollte daher nicht völlig außer Acht gelassen werden.

Die unter Privatanlegern bekannteren Fonds, wie etwa der *Lingohr-Systematic-LBB-Invest* (WKN 977479), *DWS Vermögensbildungsfonds I* (WKN 847652) oder *FMM-Fonds* (WKN 847811), sind meist aktive Fonds.

Der Kurs eines Fondsanteils wird berechnet, indem das Vermögen des Fonds durch die Anzahl der ausgegebenen Fondsanteile dividiert wird. *Beispiel:* 100 Mio. Euro Fondsvolumen geteilt durch zum Beispiel 5 Mio. Fondsanteile ergibt einen Preis von 20€ je Anteil – genauer gesagt ist dies dann der Rücknahmepreis. Dieser spiegelt sozusagen den ›echten‹ Wert des Fonds wider. Kauft man bspw. für 1.000€ neue Fondsanteile, werden 50 neue Anteile (1.000 geteilt durch 20€) ausgegeben, denn der Preis ändert sich nicht durch Zu- oder Abflüsse. Im Falle einer Rückgabe reduzieren sich somit die ausgegebenen Fondsanteile.

Wird ein Ausgabeaufschlag erhoben, erhöht man einfach den Ausgabepreis dementsprechend. Wäre in diesem Beispiel der Ausgabeaufschlag 5 %, muss man in diesem Fall 21€ pro Fondsanteil zahlen (20€ x 105 % = 21€). Im Fonds kommen dann trotzdem nur 20€ an. Der Rest fließt dem Verkäufer des Fonds zu. 1.000€ bezahlt, bedeutet, es fließen 952€ in den Fonds. Sollen tatsächlich 1.000€ im Fonds landen, müssten bei einem AA von fünf Prozent 1.050€ bezahlt werden.

Die Frage, welche verschiedenen Fondskategorien es gibt, wird in der Branche leider nicht ganz einheitlich beantwortet. Das zeigen zum Beispiel die Suchmöglichkeiten verschiedener Webseiten. Unter www.fondsweb.de und www.onvista.de gibt es zum Beispiel folgende Kategorien:

Fondsweb.de	*onvista.de*
- Aktienfonds	- Aktienfonds
- Garantiefonds	- Alternative Investments
- Geldmarktfonds	- Branchenfonds
- Mischfonds	- Dachfonds
- Immobilienfonds	- Geldmarktfonds
- Rentenfonds	- Gemischte Fonds
- Rohstofffonds	- Immobilienfonds
- Spezialitätenfonds	- Rentenfonds
- Strategiefonds	- sonstige Fonds
- Zielzeitfonds	- strukturierte Fonds

Nur nach passiven Fonds suchen ist dabei auf den oben genannten wie auf vielen anderen Webseiten möglich: Es gibt (meist) einen extra Reiter ›ETF‹. Nur nach aktiven Fonds suchen geht dabei oft nicht, da passive meist mit aufgeführt werden. In einer Liste können Sie passive Fonds/ETFs jedoch meist am Namen erkennen, weil sie das Kürzel ETF oder den Namen des Anbieters beinhalten. Die größten Anbieter von ETFs sind iShares, Lyxor und DB X-Trackers.

Auch in anderer Hinsicht gibt es im Netz Unterschiede in der Verwendung von Fondskategorien.

Beispiele für die Handhabung auf verschiedenen Webseiten:

a) Fondsweb.de versteht unter dem Begriff Rohstofffonds solche, die grundsätzlich direkt in Rohstoffkontrakte investieren und nicht in Rohstoffaktien. Unter dem Punkt Spezialitätenfonds finden sich bei fondsweb.de zum Beispiel Mikrofinanzfonds. Mit dem Begriff Zielzeitfonds sind Fonds gemeint, die von Anfang an eine begrenzte Laufzeit haben (Laufzeitfonds).

b) Unter der Bezeichnung Alternative Investments von onvista.de sind Rohstofffonds und Hedgefonds gelistet. Branchenfonds sind Aktienfonds, die in eine bestimmte Branche investieren. Unter sonstigen Fonds führt onvista.de Spezialitätenfonds und Fonds, die in Genussscheine investieren. Unter dem Punkt strukturierte Fonds sind Garantiefonds und Zertifikatefonds aufgeführt.

Auch wenn Branche und Internet sich nicht ganz einig sind, gibt es ganz allgemein folgende Arten von Fonds, die eine Erwähnung wert sind:

Die vorhandenen Fondskategorien

- **Absolute Return Fonds**/Total Return Fonds
keine Standardkategorie

Ursprünglich gab es mal einen Unterschied zwischen Absolute Return und Total Return. Die Begriffe werden jedoch inzwischen synonym verwendet. Wir einigen uns hier jetzt mal auf den Begriff Absolute Return oder kurz AR.

AR-Fonds haben die Absicht, jedes Jahr eine positive Rendite zu erzielen. ›Normale‹ Fonds haben im Unterschied dazu eigentlich nur das Ziel, besser als ihre Benchmark abzuschneiden. Verliert die Benchmark 10 % und der Fonds nur 8 %, war der Fondsmanager erfolgreich. Wobei AR-Fonds durchaus trotzdem eine Benchmark haben. Diese dient allerdings nicht unbedingt der Investitionsbestimmung, sondern eher zur Festlegung der Schwelle, ab der das Fondsmanagement eine erfolgsabhängige Vergütung erhält. Eine mögliche Benchmark wäre zum Beispiel eine einfach absolute Zahl wie 4 % p.a.

AR-Fonds investieren nicht grundsätzlich in eine bestimmte Assetklasse. Sie können zum Beispiel als Dachfonds oder gemischter Fonds konzipiert sein und sind somit in der Lage, je nach Markteinschätzung in verschiedene Assetklassen zu investieren. Sind sie *bullish* für Aktien, können sie einen Teil des Fondsvermögens in Aktien anlegen – in welchem Umfang, bestimmen sie selbst durch ihre Anlagebedingungen (grundsätzlich sind auch 100 % möglich). Dabei müssen sie jedoch immer so investieren, dass sie zum Jahresende keinen Verlust erwirtschaftet haben.

Es gibt auch Absolute Return Fonds, welche nicht in Aktien investieren und hauptsächlich im Bereich Anleihen und Geldmarktinstrumente bleiben, etwa der *Bond Absolute Return A* (WKN A0MUH2). Auch manche Hedgefonds können als AR-Fonds angesehen werden, wenn sie das Ziel einer jährlichen positiven Rendite anstreben.

- **Aktienfonds**/Equityfonds
Standardkategorie

Ein Aktienfonds ist ein Investmentfonds, der ausschließlich oder zum überwiegenden Teil in Aktien investiert.

Je nach Anlageschwerpunkt kann man Aktienfonds wiederum in verschiedene Unterkategorien einteilen, zum Beispiel nach Region (wie z.B. Aktien Welt, Asien, USA) oder Branche (z.B. Rohstoffaktien, Pharmaaktien).

Die Aktienfonds, die nicht ausschließlich in Aktien investieren, können zum Beispiel bei Erwartung negativer Kursentwicklungen Geldmarktanlagen beimischen, indem sie etwa nur zu zwei Dritteln in Aktien und zu einem Drittel in Geldmarktanlagen investiert sind.

- **AS-Fonds**
Geringe Praxisbedeutung, da kaum vorkommend

AS steht für Altersvorsorge-Sondervermögen. Solche Fonds sind in dem, was sie tun, nicht weit von zum Beispiel Misch- oder Dachfonds entfernt. Sie müssen als Altersvorsorgeprodukt jedoch bestimmte strengere Auflagen als andere Fonds erfüllen. Sie dürfen beispielsweise höchstens 75 % des Fondsvermögens in Aktien sowie nicht mehr als 30 % in Immobilien anlegen.

- **Dachfonds**/Fund of Funds
Standardkategorie

Ein Dachfonds ist ein Fonds, der wiederum in andere Fonds investiert. Für jede gewünschte Assetklasse oder Anlagestrategie sucht das Management eines Dachfonds somit einen Zielfonds, der dies für ihn umsetzt.

Dabei kann ein Dachfonds grundsätzlich auch zu 100 % in eine bestimmte Assetklasse investieren. Es besteht jedoch die Möglichkeit, sich in den Anlagebedingungen selbst zu beschränken, um möglichen Investoren das Profil des Fonds zu verdeutlichen. Möchte ein Fonds sicherheitsbewusste Anleger erreichen, könnte er zum Beispiel festlegen: »Das Fondsvermögen darf zu höchstens 30 % in Aktien(-fonds) investiert werden«.

Viele Dachfonds erlauben es sich in verschiedene Assetklassen zu investieren und manche auch, die Gewichtung zu ändern - also in einem Jahr zum Beispiel 60 % Aktien zu halten und im nächsten nur noch 15 %. Einige haben den Anspruch eine Art Vermögensverwaltung als Fonds darzustellen – siehe *vermögensverwaltende Fonds*.

Ein bekannter Dachfonds ist etwa der *Sauren Global Balanced A* (WKN: 930920). Auf www.fondsweb.de können Sie sich nach Eingabe der WKN recht gut über Anlagegrundsatz, die vergangene Wertentwicklung usw. informieren. Unter dem Reiter »Portfoliostruktur« sind die fünf größten Positionen des Fonds zum genannten Stichtag aufgeführt.

- Garantiefonds
Standardkategorie

Ein Garantiefonds garantiert dem Anleger zum Ende seiner Laufzeit (ein Garantiefonds hat immer eine begrenzte Laufzeit) die Rückzahlung von 100 %.

Insofern ein Ausgabeaufschlag gezahlt wurde, zählt dieser jedoch nicht zu den 100 %. Meist können Anleger den Fonds auch vor Ende Laufzeit zurückgeben, wobei dies dann zum aktuellen Kurs geschieht, welcher über und unter dem Ausgabekurs liegen kann.

Ein Garantiefonds kann grundsätzlich in verschiedene Assetklassen investieren, auch in risikobehaftete. Die Fondsgesellschaft kann jedoch grundsätzlich nicht so chancenreich investieren, wie etwa ein reiner Aktienfonds, da sie zum Laufzeitende hin die Garantie einhalten muss. Ein Garantiefonds ist somit kein Fonds, der die Vorteile chancenorientierter Fonds bietet und den Nachteil möglicher Verluste ausschaltet. Wer einen solchen Fonds in Betracht zieht, muss sich im Klaren darüber sein, dass das Fondsmanagement grundsätzlich nur recht begrenzt Chancen wahrnehmen kann. Mehr dazu im Kapitel 16 »In was investieren«.

- Geldmarktfonds

Standardkategorie

Geldmarktfonds investieren in Geldmarkttitel und verwandte Wertpapierformen. Dazu gehören neben Anleihen mit geringer Restlaufzeit beispielsweise auch variabel verzinsliche Wertpapiere. Diese passen ihre Zinszahlungen mind. einmal jährlich (oft alle sechs Monate) an die Marktzinsen an. Dadurch verhalten sie sich hinsichtlich der Schwankungen aufgrund von Zinsänderungen wie Wertpapiere mit einer geringen Restlaufzeit.

Ihren Anlagebedingungen zufolge konnten Geldmarktfonds in der Vergangenheit auch in ABS (Asset Backed Securities – mehr zu ABS im Kapitel zur Finanzkrise) investieren. Da viele ABS während der Finanzkrise stark an Wert verloren, blieben auch manche Geldmarktfonds davon nicht verschont. Eine Investition in einen Geldmarktfonds muss dementsprechend mit der gleichen Ernsthaftigkeit wie ein Investment in spekulativer aussehende Produkte behandelt werden. Man sollte wissen, in was ein Geldmarktfonds alles investiert, bevor man ihn kauft. Aufschluss kann hier beispielsweise ein Rechenschaftsbericht geben (siehe Abschnitt »Ein Wort zu Fondsprospekten...« in diesem Kapitel). Da entdeckt man dann mitunter manche Unternehmen oder Länder, die man vielleicht nicht erwartet hätte.

- Hedgefonds

im Privatanlagebereich eher keine Standardkategorie

Hedgefonds sind Investmentfonds, welche in ihrer Anlagepolitik grundsätzlich keinen Beschränkungen unterliegen

Es kann in jede Assetklasse auf praktisch jede technisch machbare Weise investiert werden. Hedgefonds können ähnlich wie ein ›normaler‹ Aktien- oder Rentenfonds investieren, aber auch etwas völlig anderes machen und Stile sowie Instrumente nutzen, die anderen Fonds nicht oder in nur sehr geringem Umfang zur Verfügung stehen.

Hedgefonds können zum Beispiel auch auf fallende Kurse wetten und Kredite zur Erhöhung des Anlagekapitals aufnehmen. Dies war normalen Fonds lange nicht möglich, was sich inzwischen teils geändert hat.

Es wäre zum Beispiel durchaus nichts Ungewöhnliches, wenn ein Hedgefonds, der von Anlegern wie Banken oder wohlhabenden Privatanlegern 50 Mio.

Euro eingesammelt hat, anschließend weitere 50 Mio. Euro an Krediten aufnimmt, um somit 100 Mio. Euro zur Anlage zur Verfügung zu haben.

Eine einfache Rechnung: Gewinnt ein solcher Fonds mit der Anlage von 100 Mio. Euro innerhalb einiger Jahre 50 Mio. Euro hinzu, hat er das Geld seiner Anleger verdoppelt (die Zinsen für den Kredit jetzt mal außen vor gelassen). Verliert ein solcher Fonds 50 % von seiner Anlagesumme in Höhe von 100 Mio. Euro, erleiden seine Investoren einen Totalverlust – denn deren 50 Mio. Euro sind dann eben futsch.

Es ist jedoch keineswegs so, dass alle Hedgefonds Kredite aufnehmen. Viele Fonds nehmen zwar Kredite auf, doch diejenigen, welche einen Hebel von mehr als zwei aufweisen (sprich mindestens die gleiche Summe, die sie von Anlegern erhalten haben, nochmals als Kredit aufnehmen) waren in der Vergangenheit eher in der Minderheit.

Hedgefonds orientieren sich im Gegensatz zu normalen Fonds eher weniger an Vergleichsindizes – sie streben in vielen Fällen unabhängig von der Entwicklung bestimmter Märkte eine positive Rendite an. Dazu wenden sie viele verschiedene Strategien an, von risikoarm – was es im Gegensatz zum Medien-Mantra, dass Hedgefonds immer hohe Risiken eingehen, wirklich gibt – bis risikoreich.

Eine Strategie ist beispielsweise das *Trading*, bei dem man recht kurzfristig auf steigende oder fallende Kurse wettet – wohin der gesamte Markt auf Jahressicht tendiert, kann einem dann recht egal sein.

Eine andere Strategie ist das Kaufen von Anleihen, die von anderen Investoren aufgrund ernsthafter Schwierigkeiten eines Unternehmens abgestoßen werden oder abgestoßen werden müssen, weil die internen Anlagerichtlinien der Investoren dies vorschreiben. Solche Verkaufswellen können dazu führen, dass die Kurse für die betreffenden Anleihen übermäßig stark sinken. Es gibt Hedgefonds die sich darauf spezialisiert haben, jene Anleihen zu kaufen, deren Kurse ihrer Meinung nach wieder steigen werden. Diese Strategie nennt sich Distressed Debt.

Darüber hinaus gibt es noch viele weitere Strategien, die praktisch alle Assetklassen sowie alle Anlageinstrumente wie Optionen oder Futures abdecken. Es gibt dabei Strategien, die ›direktional‹ sind, also grundsätzlich ›mit‹ dem Markt investieren (*long*) und solche, die völlig marktunabhängig agieren.

In der Hedgefondsbranche selbst nutzen viele eigene Kategorisierungen. Eine eher grobe Einteilung unterscheidet folgende zehn mögliche Investmentansätze[3]:

Die verschiedenen Hedgefonds-Strategien

Convertible Arbitrage

Convertibles sind *Wandelanleihen*. Bei dieser Strategie versucht der Fondsmanager einen Vorteil aus dem Zusammenspiel zwischen der Entwicklung der Wandelanleihe und der Aktie des Unternehmens zu ziehen, das die Wandelanleihe emittiert hat.

Event Driven

Hier wird in Unternehmen in Ausnahmesituationen investiert, beispielsweise bei Übernahmen oder bei finanziellen Schwierigkeiten. Die Strategie Distressed Debt zählt hierzu. Die meisten Distressed Debt Fonds setzen dabei auf sich wieder erholende Kurse von Anleihen – während der Finanzkrise konnten solche Fonds somit oft nicht von den fallenden Kursen der Anleihen von Finanzunternehmen profitieren.

Fixed Income Arbitrage

Hierbei wird versucht, Preisineffizienzen zwischen festverzinslichen Wertpapieren und verwandten Wertpapieren auszunutzen.

Equity Market Neutral

Eine Aktienstrategie. Der Hedgefonds kauft Titel, von denen er überzeugt ist, und verkauft solche, die er für überbewertet hält. Es ist auch möglich zu verkaufen, ohne vorher gekauft zu haben – siehe *Leerverkauf.* In der Summe gleichen sich die Positionen, die auf steigende setzen und jene, die auf fallende Kurse setzen, aus. Das Fondsmanagement ist also immer zu 50 % auf steigende Kurse setzend und zu 50 % auf fallende Kurse setzend investiert. Dadurch wird die Strategie ›market neutral‹ – denn auch wenn alle Titel fallen oder steigen, kann der Hedgefondsmanager verdienen. Dazu müssen sich die Titel, bei denen er auf steigende Kurse gesetzt hat, besser entwickeln, als diejenigen, bei denen er auf fallende Kurse gesetzt hat. Besser heißt entweder mehr Plus, oder weniger Minus.

Ein Beispiel:

Gesamtmarkt: - 10 %

a) Titel, bei denen der Hedgefonds auf steigende Kurse gesetzt hat: durchschnittlich – 6 %

b) Aktien, bei denen er auf fallende Kurse gesetzt hat: - 14 %

Rechnung: +14 % (von b) – 6 % (von a) = 8 % Gewinn

Das kann andersherum selbstverständlich auch nach hinten losgehen – der Gesamtmarkt steigt, und die Aktien, bei denen auf fallende Kurse gesetzt wurde, steigen versehentlich mehr als die, bei denen auf steigende Kurse gesetzt wurde.

Equity Market Neutral Fonds verdienen also nur durch das Können des Fondsmanagements – die allgemeine Marktentwicklung ist irrelevant.

Long/Short Equity

Auch hier werden wie bei der Strategie Equity Market Neutral unterbewertete Aktien gekauft (›long‹) und überbewertete verkauft (›short‹). In der Summe kann der Hedgefonds jedoch auch ein starkes Übergewicht bei den einen oder anderen Titeln haben, ›netto‹ also long oder short sein. L/S-Equity-Fonds können ebenso wie die der Kategorie Equity Market Neutral in steigenden als auch in fallenden Märkten Geld verdienen.

Global Macro

Diese Strategie versucht grundsätzlich fundamentale Veränderungen zu prognostizieren und durch vorheriges Eingehen entsprechender Positionen davon zu profitieren, zum Beispiel im Bereich von Rohstoffpreisen. Global Macro Fonds können ebenso von steigenden wie auch von fallenden Märkten profitieren.

Dedicated Short Bias

Mittels Leerverkauf von Aktien soll von fallenden Kursen profitiert werden. Wenn aber gerade alles steigt? Dann lässt sich mit solchen Fonds schwer Geld verdienen. Wobei es natürlich immer einzelne Titel gibt, die auf Talfahrt gehen.

Emerging Markets

Hierbei wird zum Beispiel über Aktien oder Anleihen in aufstrebende Länder investiert. Verdient wird also eher in steigenden Märkten.

Managed Futures

Managed-Futures-Fonds verwenden meist automatisierte Handelsprogramme, um durch das Ausnutzen von Preisbewegungen und mittels Einsatz von Futures und Optionen auf verschiedenen Märkten Gewinne zu erzielen.

Multi Strategy

Hier werden mehrere der bisher benannten Strategien in einem Fonds verwendet.

- Mischfonds/Gemischte Fonds

Standardkategorie

Mischfonds legen das Geld der Anleger in mehrere Anlageklassen an, in der Regel in Aktien und Anleihen sowie Geldmarkt. Unter der Bezeichnung ›Gemischte Fonds‹ firmierende Fonds investieren unter Umständen auch in weitere Assetklassen als die genannten, wie zum Beispiel Edelmetalle. Die Unterscheidung Mischfonds und Gemischter Fonds wird dabei nicht mehr so streng gehandhabt.

Es gibt Mischfonds, die eine feste Aufteilung besitzen (z.B. jeweils 50 % Aktien und Anleihen) und Mischfonds, die je nach Markteinschätzung die Quoten verändern, um an positiven Entwicklungen teilhaben beziehungsweise die Auswirkungen negativer Entwicklungen abfedern zu können.

Bekannte Mischfonds sind etwa: *UniRak* (WKN: 849104), *Ethna-AKTIV E* (764930) sowie *Carmignac Patrimoine* (A0DPW0). Der *Flossbach von Storch Multiple Opportunities* (A0M430) zum Beispiel investiert neben den ursprünglichen Mischfondsassetklassen auch in Edelmetalle.

- (offene) Immobilienfonds

Standardkategorie

Immobilienfonds investieren zum Beispiel in Einkaufszentren, Hotels, Bürogebäude oder auch Wohnimmobilien. Der Wertzuwachs von Immobilienfonds speist sich aus den Mieteinnahmen und den Wertsteigerungen der im Fonds enthaltenen Immobilien.

Ein offener Immobilienfonds ist im Grunde der Versuch, eine illiquide Assetklasse liquide zu machen. Die grundsätzlich sinnvolle Idee ist es dabei, Immobilienvermögen zu streuen und nicht nur als selbstbewohntes Haus zu besitzen.

Da Immobilien, insbesondere solche großen in die Immofonds investieren, nicht jeden Tag wie Aktien hin und her gehandelt werden, kann man im Grunde nicht börsentäglich ein- und aussteigen. Bei offenen Immobilienfonds kann man es aber eben doch. Was zur Folge hat, dass ebensolche Fonds eine Menge Bargeld horten, um aussteigende Anleger bezahlen zu können und es sich dadurch immer auch ein bisschen um einen Geldmarktfonds handelt. Wenn zu viele Anleger aussteigen wollen, muss die Fondsgesellschaft den Fonds ab einem gewissen Punkt trotzdem schließen, um die restlichen Anleger zu schützen: Vollkommen richtige Entscheidung. Man muss nur wissen, dass das passieren kann. Mehr zu offenen Immobilienfonds in Kapitel 16 »In was investieren«.

- **Laufzeitfonds** (Targetfonds, Lebenszyklusfonds)
eher keine Standardkategorie

Laufzeitfonds besitzen eine von Anfang an begrenzte Laufzeit. Dabei wird zu Beginn einige Wochen Geld eingesammelt und anschließend für eine feste Laufzeit investiert. Laufzeitfonds können auch als Garantiefonds aufgelegt werden. Garantiefonds sind grundsätzlich immer auch Laufzeitfonds – schließlich haben sie eine begrenzte Laufzeit.

Eine spezielle Form von Laufzeitfonds sind Targetfonds, oder auch Lebenszyklus-/Life-Cycle-Fonds. Diese investieren mit abnehmender Restlaufzeit immer risikoärmer, da sie für den Einsatz als Altersvorsorgeprodukt konzipiert sind. So sind größere Kursverluste kurz vor Laufzeitende, das beispielsweise identisch mit dem eigenen Renteneintritt sein könnte, weniger wahrscheinlich – durchaus keine schlechte Idee.

- **Rentenfonds**/Anleihenfonds
Standardkategorie

Investieren das Geld der Anleger in Anleihen. Je nach Fonds können das zum Beispiel Unternehmensanleihen, Staatsanleihen oder Anleihen einer bestimmten Region/Währung sein.

Die Erträge kommen hauptsächlich aus zwei Ecken: der Laufzeit und der Bonität (Kreditwürdigkeit) des Emittenten. Wird in fremde Währungen investiert, kommen noch Devisenkursgewinne oder –verluste hinzu, wenn Kursschwankungen nicht abgesichert werden.

Je geringer die Bonität eines Unternehmens, desto höher ist im Allgemeinen die Rendite der Anleihe. Die Kunst besteht darin, die Anleihen mit dem besten Chance-Risiko-Verhältnis zu finden. Außerdem ist im Normalfall der Zinssatz umso höher, je länger die Laufzeit der Anleihe ist – was jedoch mit größeren Kursschwankungen während der Laufzeit verbunden ist. Dazu muss die Prognose bezüglich der langfristigen Zahlungsfähigkeit des Emittenten umso zutreffender sein.

- Rohstofffonds/Commodity Fonds
Standardkategorie

Investieren das Anlegergeld in Rohstoffe, zum Beispiel über Terminkontrakte, sprich Futures. Manchmal werden auch Fonds, die in Aktien von Unternehmen aus der Rohstoffbranche investieren, fälschlicherweise als Rohstofffonds bezeichnet.

Einige Rohstofffonds bilden einen Rohstoffindex ab, der eine Reihe gängiger Rohstoffe enthält. Andere Fonds wiederum versuchen durch Auswahl bestimmter Rohstoffe besser als ein solcher Index abzuschneiden.

- Spezialitätenfonds
eher keine Standardkategorie

Spezialitätenfonds investieren in etwas Spezielles. Irgendetwas Spezielles. Genauer geht es kaum - eine einheitliche Definition gibt es nicht. Ein Spezialitätenfonds kann zum Beispiel ein Aktienfonds sein, der etwas Ungewöhnliches tut, indem er sich auf Unternehmen konzentriert, die in der Vergangenheit gelitten haben – und dort versucht diejenigen herauszupicken, die sich wieder erholen und überproportionale Gewinne versprechen. Er kann ebenso etwas ganz anderes machen als die meisten anderen Fonds. Mikrofinanzfonds (Investition in Kleinkredite), Wandelanleihenfonds oder Genussscheinfonds könnte man zu Spezialitätenfonds zählen. Muss man aber nicht. Wandelanleihen- und Genussscheinfonds könnte man auch ebenso gut zu Rentenfonds zählen. Spezialitätenfonds überschneiden sich außerdem mit Strategiefonds. Alles nicht so einfach. Aber trotzdem irgendwie verständlich – oder sagen wir zumindest verstehbar.

- Strategiefonds

eher keine Standardkategorie

Strategiefonds kann im Grunde jede Fondsgesellschaft einen ihrer Fonds nennen, wenn sie dies möchte. Eine einheitliche Definition existiert nicht. Strategiefonds machen etwas Spezielles – zum Beispiel indem sie eine total ausgefuchste Strategie anwenden. Auch hier können Fonds einer Standardkategorie enthalten sein, wenn sie eine spezielle Strategie nutzen. Zum Beispiel indem sie mit begrenztem Einsatz von Optionen zusätzliche Erträge generieren oder sich gegen Kursverluste absichern möchten.

Bisweilen werden auch vermögensverwaltende Fonds Strategiefonds genannt. Auch hier gibt es also Überschneidungen.

- Superfonds

keine Standardkategorie

Superfonds können in Fonds sowie in Einzeltitel und Derivate investieren. Damit unterscheiden sie sich von Dachfonds, welche nur in andere Fonds investieren können. Sie sind damit flexibler und freier in der Verwaltung ihres Vermögens. Der Begriff Superfonds wird im Allgemeinen wenig verwendet.

- Vermögensverwaltende Fonds

eher keine Standardkategorie

Die Bezeichnung vermögensverwaltender Fonds ist hauptsächlich mit der Absicht des Fondsmanagements verbunden und findet noch keine breite Anwendung in der Branche. Deshalb gibt es diese Kategorie auch bei kaum einer Fondsseite im Netz. Ziel eines solchen Fonds ist es grundsätzlich wie eine Vermögensverwaltung, Verluste gering zu halten und ein langfristiges Kapitalwachstum bei geringen bis moderaten Risiken anzuvisieren. Dazu kann ein solcher Fonds zum Beispiel als Dach- oder Mischfonds konzipiert sein. Das Fondsmanagement sollte dabei ausreichend flexibel sein und das Vermögen über mehrere Assetklassen streuen können.

Fonds, die in nur eine Assetklasse investieren, sind somit als vermögensverwaltende Fonds ungeeignet.

- Wertsicherungsfonds
keine Standardkategorie

Wertsicherungsfonds streben zum Beispiel an, einen jährlichen Verlust in Höhe von fünf oder zehn Prozent nicht zu überschreiten. Anders als Garantiefonds garantieren sie jedoch streng genommen nicht die Einhaltung, auch wenn sie es trotzdem genauso ernst nehmen, ihr Ziel zu erreichen. Zudem wird bei manchen Fonds die Einhaltung jederzeit angestrebt (bei Garantiefonds gibt es die Garantie nur zum Laufzeitende). Stand ein Fonds beispielsweise zum Ende des letzten Kalenderjahres bei einem Kurs von 45€ pro Anteil, und wird angestrebt eine Schwelle von 95 % nicht zu unterschreiten, investiert der Fondsmanager mit dem Ziel, die Schwelle von 42,75€ möglichst nicht mehr zu unterschreiten. Das ist nicht unbedingt besser als ein Garantiefonds. Denn so kann das Fondsmanagement noch weniger Risiken eingehen, als bei einem Fonds, bei dem die Schwelle erst zu einem festgelegten Zeitpunkt in der Zukunft eingehalten werden muss.

- Zertifikatefonds
keine Standardkategorie

Ein Zertifikatefonds investiert in verschiedene Zertifikate, wobei diese keiner bestimmten Assetklasse angehören. Anders als zum Beispiel Aktien- oder Rentenfonds wird hier somit nicht nach Assetklasse kategorisiert, sondern nach Instrument. Es können damit sowohl Zertifikate auf Aktien wie auch Rohstoffe oder andere Assetklassen enthalten sein.

Weitere Begriffe

Die Bezeichnung ›Single-Fonds‹ beschreibt im Grunde das Gegenteil eines Dachfonds – also einen normalen Fonds, der wiederum *nicht* in andere Fonds investiert. In der Finanzliteratur taucht er beispielsweise bei Hedgefonds auf, wenn zwischen Dach-Hedgefonds und Single-Hedgefonds unterschieden wird.

Die Bezeichnung ›Zielfonds‹ wird oft im Zusammenhang mit Dachfonds verwendet. Zielfonds sind dabei die Fonds, in die ein Dachfonds investiert – »dieser Dachfonds hat gerade 28 Zielfonds in seinem Portfolio, den größten Anteil hat dabei der Fonds z mit 4,8 %«.

Geschlossene Fonds sind eher keine Fonds, auch wenn der Name dies vermuten lässt – daher werden sie in diesem Kapitel nicht behandelt, sondern im Kapitel 7 unter dem Buchstaben G.

Ein Wort zu Fondsprospekten und Fondsberichten

Wer sich informieren möchte, in was ein Fonds alles investieren kann bzw. investiert, hat bspw. unter www.fondsweb.de bei praktisch jedem Fonds die Möglichkeit verschiedene PDF-Dateien aufzurufen. Auf der ersten Informationsseite, die sich nach Eingabe der WKN oder Anklicken eines Fonds öffnet, finden Sie die Verkaufsprospekte sowie Halbjahres- und Jahresberichte.

In den Halbjahres- und Jahresberichten können Sie dabei eine genaue Auflistung mit Name und ISIN einsehen, die Aufschluss darüber gibt, welche konkreten Wertpapiere mit welchem Anteil am Fondsvermögen ein Fondsmanager zu einem bestimmten Stichtag gehalten hat. Man sollte dazu jedoch wissen, dass es Fondsmanager gibt, die erst kurz vor dem Stichtag die Wertpapiere kaufen, die in der letzten Zeit gut gelaufen sind, um einen guten Eindruck zu vermitteln.

Leider schreiben in den Verkaufsprospekten so manche Fondsanbieter nur den Gesetzestext ab. »Bis zu 10 % hiervon«, »bis zu x % davon« – das sieht für den Laien so aus, als wüsste er anschließend Bescheid. Das Fondsmanagement hält sich jedoch in vielen Fällen an engere Grenzen. Welche das sind, muss man in manchen Fällen leider erraten oder besser erfragen.

Die Analyse der Halbjahres- und Jahresberichte erfordert eine gewisse Expertise. Die Schlussfolgerungen, die man aus den Berichten ziehen kann (bspw. hinsichtlich der Anlagestrategie), müssen nicht für die Zukunft gelten. Es bleibt also alles anders. Aber nur vielleicht.

»Wie kommt man an der Börse zu einem kleinen Vermögen? Indem man mit einem großen anfängt.«

Unbekannt

3. B

Baisse

negativer Börsentrend mit nachhaltig fallenden Kursen.[1]

Die Phase, in der nach Ausbruch der Finanzkrise die Aktienkurse viele Monate gefallen sind, wird als *Baisse* bezeichnet. Der Dax fiel in dieser Zeit von rund 8000 Punkten Ende 2007 auf rund 3600 Punkte Anfang 2009. Das Gegenstück heißt *Hausse*.

- siehe auch *Bulle und Bär*

Basiswert

Das einem Derivat oder strukturiertem Produkt zugrundeliegende Handelsobjekt[1] wird *Basiswert* oder auch Underlying genannt.

Eine Option, die sich zum Beispiel auf die RWE-Aktie bezieht, hat als Basiswert eben die RWE-Aktie. Ein Zertifikat, das die Wertentwicklung des Dax nachbildet, hat den Dax als Underlying.

Diese Unterscheidung wird vorgenommen, da man nun mal nicht den Basiswert selbst, sondern ein Produkt handelt, das mit ihm ›verbunden‹ ist.

Als Basiswert kommt praktisch alles von Einzelwerten über Indizes bis hin zu Devisen und Rohstoffen in Frage.

Benchmark

Die Messung des Anlageerfolgs erfolgt häufig durch den Vergleich mit einer Benchmark/einem Referenzwert.

Bei Fonds werden als Benchmark meist Indizes aus dem Segment herangezogen, in das der Fonds investiert.

Ein deutscher Aktienfonds könnte daher als Benchmark etwa den Dax haben, ein europäischer Aktienfonds zum Beispiel den *Euro STOXX 50*. Es gibt auch eher unbekannte Unterindizes bekannter Indizes. Mit ihnen kann dann auch für Fonds, die in spezielle Segmente investieren, die richtige Benchmark gefunden werden.

Manchmal wird mit der Benchmark auch ein wenig getrickst. Es gibt Fonds, die sich selbst eine leichter zu schlagende Benchmark verpasst haben, weil sie in Wirklichkeit etwas anders investieren als es die Benchmark vermuten lässt. Genau genommen kann man somit einer Aussage wonach ein Fonds seine Benchmark schlägt, nicht ohne Kontrolle vertrauen. Er sollte nicht seine Benchmark schlagen, sondern die *passende*.

Bestens   siehe *unlimitierter Kauf/Verkauf*

Billigst   siehe *unlimitierter Kauf/Verkauf*

Blue Chip   Als *Blue Chips* werden allgemein Aktien von bekannten, großen und etablierten Unternehmen bezeichnet.

Deutsche Blue Chips sind zum Beispiel Siemens, VW, BASF und die Deutsche Bank.

Bond

Bond ist die englische Bezeichnung für eine *Anleihe*. Sie wird auch im deutschsprachigen Raum gern verwendet.

Die Mehrzahl lautet Bonds.

Bonus-Zertifikat

Anlagezertifikat, das den Anleger an der Wertentwicklung eines Basiswertes teilhaben lässt.

Bonus-Zertifikate verfügen über eine untere und eine obere Schwelle. Dabei kann man jedoch grundsätzlich über die obere Schwelle hinaus an der Entwicklung des Basiswertes teilhaben.

Notiert der Basiswert am Ende der Laufzeit zwischen der unteren Schwelle und der oberen (Bonuslevel), erhält der Anleger den Bonuslevel ausgezahlt.

Berührt der Basiswert die untere Schwelle während oder am Ende der Laufzeit, wird aus dem Bonus-Zertifikat automatisch ein Index-Tracker. Tracker ist dabei nur eine andere Bezeichnung für Zertifikat. Beide Schwellen verlieren somit ihre Bedeutung.

Finanziert wird die Konstruktion durch die Dividenden des zugrundeliegenden Unternehmens, welche dem Anleger somit entgehen.

Bonuszertifikate hören sich erst mal gut
an. So überragend ist die Sache dann aber
doch nicht, da die Vorteile eines Bonuszer-
tifikates den Nachteil des Dividendenver-
zichtes wettmachen müssen.

Börse

Eine *Börse* ist ein organisierter Markt für den
Handel mit Vermögenswerten.[1]

Zu festgelegten Zeiten können von der
Aktie bis zum Zertifikat verschiedene aus-
tauschbare Güter gehandelt werden.

Die Börse ist der Marktplatz. So wie man
Obst und Gemüse oder Fisch auf einem
Markt kaufen kann, gibt es für den Kauf und
Verkauf von Wertpapieren in Deutschland
eine Hand voll Börsen, zwischen denen Sie
sich entscheiden können. Die Börse in
Stuttgart steht dabei in Konkurrenz zur
Börse in Frankfurt und kann zum Beispiel
auch andere Gebühren und Handelszeiten
festlegen.

Es ist möglich, dass eine Aktie an einer
Börse 24,75€ kostet und an einer anderen
für einen Moment ein paar Cent günstiger
oder teurer ist. Da jedoch jeder Anleger online den Preis an den Börsen verfolgen
kann, sind diese Schwankungen meist sehr
gering und oft von kurzer Dauer. In
Deutschland handeln die meisten Anleger
Aktien über Xetra, die ohne menschliche
Wertpapierhändler auskommt – wobei die
›Wertpapierhändler‹ genau genommen
Skontroführer heißen. Da Xetra (einfach
nur Xetra, nicht ›die‹ Xetra) um 17:30 Uhr

schließt, muss man später am Tag über eine andere Börse gehen. Die Börsen Stuttgart und Frankfurt haben bis 20:00 Uhr ›offen‹, sprich Handelszeit.

Als Xetra gerade die *Parkettbörsen* in Sachen Umsatz/Beliebtheit im Aktienhandel überholte, konnte man sich noch mit launigen Aussagen a la »es geht doch niemand mehr über`s Parkett« als informiert auszeichnen. Inzwischen wissen es die meisten.

Spricht man über einen Handel von Aktien oder Zertifikate, wäre es durchaus normal nach dem Börsenplatz zu fragen: »Ich hab gestern 25 BASF gekauft.« – »Wo?« - »Frankfurt. War schon nach halb sechs«. Obwohl Xetra sich auch in Frankfurt befindet, versteht man unter »Frankfurt« gemeinhin die Parkettbörse Frankfurt.

Nicht an jeder Börse wird alles gehandelt. Es gibt Börsen an denen nur Wertpapiere gehandelt werden. Darüber hinaus gibt es auch Börsen für andere Dinge – von Zertifikaten über Metalle bis zu Futures.

Börsengang

nennt man die Notierungsaufnahme eines Unternehmens an der Börse.

In den meisten Fällen geht ein Unternehmen an die Börse, um Kapital einzusammeln.

Wenn etwa zuvor einige wenige Personen einem Unternehmen das nötige Geld zur Verfügung gestellt haben, verkaufen sie bei einem Börsengang ihre Anteile entweder ganz oder teilweise und spülen dem Unternehmen dadurch Geld in die Kasse (Eigenkapital), das zum Beispiel für das weitere Wachstum des Geschäftsbetriebs genutzt werden kann.

Ein weiterer möglicher Grund für einen Börsengang ist die Absicht der Eigentümer ihr Unternehmen zu Geld zu machen. Erst hatten sie ihr Vermögen somit in Form einer Unternehmensbeteiligung, anschließend in Cash.

In der Regel wird von dem Unternehmen, das an die Börse gehen möchte, ein Bankenkonsortium bestimmt, welches den Börsengang organisiert und dafür vom Unternehmen bezahlt wird.

Der Börsengang läuft vereinfacht gesagt meist wie folgt ab: Das Bankenkonsortium ermittelt das Interesse der Anleger/den ungefähren geschätzten Wert des Unternehmens und legt dementsprechend eine Preisspanne fest, innerhalb derer die Anleger verbindliche Gebote für Aktien des Unternehmens abgeben können.

Ist beispielsweise von einem erzielbaren Unternehmenswert in Höhe von etwa 500 Mio. Euro auszugehen und möchte man als Unternehmensvorstand den Preis der Aktien aus ›optischen‹ Gründen bei ca. 50€ ansiedeln, dann könnte das Bankenkonsortium 10 Mio. Aktien mit einer Preisspanne von 45€ bis 55€ anbieten.

Der unternehmensseitig zu erwartende Kapitalzufluss kann also nicht vor Ende dieses Verfahrens endgültig bestimmt werden.

Es kann auch der Fall eintreten, dass Unternehmen weniger Geld einsammeln, als sie gehofft hatten oder nach der ersten Interessensermittlung des Bankenkonsortiums bei großen Investoren der Börsengang absagt wird, weil kein attraktiver Preis realistisch scheint.

Börsenindex

Ein *Börsenindex* ist eine errechnete Größe, die sich auf ein bestimmtes und genau definiertes Börsensegment bezieht.

Es gibt im Grunde in jeder Assetklasse eine Reihe von Indizes. Sie werden unter anderem als Orientierung für die Entwicklung eines bestimmten Marktsegments oder auch als Underlying für Wertpapiere genutzt, zum Beispiel indem ein Zertifikat die Entwicklung eines Index nachbildet. Dies kann Sinn machen, da man Indizes nicht direkt kaufen kann. Dies gilt auch für den in Deutschland bekanntesten Index Dax.

Börsenwert

siehe *Marktkapitalisierung*

Börsenumsatz

siehe *Umsatz (Börse)*

Bottom Up

Bezeichnet das Investieren nach dem Ansatz erst die vielversprechendsten Einzeltitel herauszupicken und anschließend die Beurteilung des übergeordneten Marktes (der

Region) für die Anlageentscheidung zu berücksichtigen.

Gegenstück: *Top Down*

Brief

Bezeichnung für den Preis, zu dem ein Marktteilnehmer ein Wertpapier zum Verkauf anbietet.[1]

Beispiel:
Der Kurs einer von Ihnen beobachteten Aktie steht in diesem Moment bei 67,45€ *Geld* und 67,46€ *Brief.*
Wenn Sie jetzt einsteigen wollen, müssen Sie somit 67,46€ pro Aktie zahlen. Bei einem Verkauf erhielten Sie 67,45€. Wobei noch offen wäre, wie viele Aktien hinter diesen beiden Kursen stehen – man kann selbstverständlich nur so viele handeln, wie zu diesen Kursen zur Verfügung stehen.

Broker

Broker führen die Kauf- und Verkaufsaufträge von Anlegern aus.
Heute werden mit dem Begriff Broker meist Online-Broker und ähnliche Unternehmen bezeichnet, die Kundenaufträge an die Börse weiterleiten oder im Falle von außer-börslichem Handel (*OTC*) selbst ausführen.

Beispiele in Deutschland: sbroker (Broker der Sparkassen), die DAB-Bank (Bank und

Broker), Cortal Consors (ursprünglich Broker, inzwischen auch Bank) und flatex (nur Broker).

Bundeswertpapiere

sind (Staats-)Anleihen, die von der Bundesrepublik Deutschland begeben werden. Die Rückzahlung hängt also von der Zahlungsfähigkeit der Bundesrepublik Deutschland ab. Bundeswertpapiere gelten im Allgemeinen als sicherer als Unternehmensanleihen. Bei Anleihen anderer Nationen kann dies schon wieder ganz anders aussehen.

Bulle und Bär

Wie Hausse und Baisse stehen auch diese beiden Begriffe für die sich abwechselnden Phasen steigender und fallender Kurse an der Börse. Ein ›Bullenmarkt‹ ist mit einer Hausse und ein ›Bärenmarkt‹ mit einer Baisse gleichzusetzen.

-    siehe auch *Long und Short sein*

Buy and Hold

nennt man den Ansatz Wertpapiere als langfristiges Investment zu erwerben – mit dem Ziel von einem Verkauf in Verlustphasen abzusehen und das Produkt erst nach vielen Jahren wieder abzustoßen.

»Ich kann die Bahn der Himmelskörper auf Zentimeter und Sekunden genau berechnen, aber nicht, wohin die verrückte Menge einen Börsenkurs treiben kann.«

Isaac Newton, engl. Physiker

4. Finanzkrise – eine Erklärung

Die Kette der Versager? – Die Entstehung der Finanzkrise

1. Die Zentralbank – wichtig für ›Experten‹: Die Zentralbank ist immer schuld
2. Die Immobilienkäufer, die die Hauskredite aufgenommen haben
3. Die Bank, von der die ›Häusle‹bauer den Kredit erhielten
4. Regierung und Bankenaufsicht *zum Ersten*
5. Die Ratingagenturen – sie verliehen den Schrottpapieren ihren ›Wert‹
6. Regierung und Bankenaufsicht *zum Zweiten*
7. Die Investoren, die die ›Schrottpapiere‹ erworben haben (beispielsweise Hedgefonds und Banken)

(Der dümmste Fehler der Finanzkrise)

1. Die Zentralbank

Die niedrigen Zinsen waren schuld – und damit die Zentralbank! Da sie über die Zinsen entscheidet. So war es recht häufig nach Ausbruch der Finanzkrise in verschiedensten Medien zu lesen.

Was ist die Zentralbank? Die Zentral- oder Notenbank entscheidet für einen Staat oder wie im Falle Europas für einen Wirtschaftsraum mit einheitlicher Währung zu welchem Zinssatz Banken sich Geld leihen können. In den USA übernimmt dies die Federal Reserve, kurz Fed genannte Notenbank. Sie entscheidet für die gesamte Nation, zu welchen Zinsen sich die Geschäftsbanken bei ihr Geld leihen können. Und damit nimmt sie starken Einfluss darauf, wie groß die Geldnachfrage sein wird.

In Europa bestimmt der wichtigste Zins (der ›Leitzins‹), welchen Zinssatz Banken bei einer Kreditaufnahme bei der Europäischen Zentralbank, kurz EZB für eine Woche zahlen müssen. Beträgt der Leitzins 2 %, dann müssen alle europäischen Banken aus Euro-Ländern mindestens zwei Prozent für einen einwöchigen Kredit bei der Europäischen Zentralbank bezahlen.

Davon ausgehend, dass sich über die Steuerung der Zinsen die Inflation beeinflussen lässt, besteht die Aufgabe die Zentralbanken darin, eine möglichst gleichbleibend geringe jährliche Inflation zu gewährleisten. Dies wird ganz allgemein als gut für die Wirtschaft angesehen.

Die Fed hat des Weiteren offiziell die Aufgabe zusätzlich für ein möglichst hohes Beschäftigungsniveau zu sorgen.

Was machen niedrige oder hohe Zinsen nun für einen Unterschied? Ein wichtiger Faktor für jede Volkswirtschaft ist die Frage, wie gut die Investitionsbedingungen für Unternehmen sind. Dazu gehört auch der Zugang zu Krediten und die damit verbundenen Kosten. Je geringer die Zinsen, desto weniger müssen Unternehmen und auch Privatpersonen für einen Kredit bezahlen. Es bedeutet für Firmen schlichtweg weniger Aufwand, wenn für einen Kredit mit der Summe x statt 9 % nur 6 % Zinsen zu bezahlen sind – die monatlichen Raten für den Kredit fallen dann eben geringer aus. Zwar entscheiden die Banken über die Zinsen für ihre Privat- und Firmenkunden – es ist jedoch davon auszugehen, dass geringere Zinsen für die Kreditinstitute in vielen Fällen (die Jahre nach Ausbruch der Krise stellen da eine Ausnahme dar) durch den Wettbewerb zwischen den Banken auch bei ihren Kunden zumindest teilweise ankommen. Durch eine Kreditnachfrage beispielsweise eines Unternehmens ›entsteht‹ gewissermaßen Geld – eben war es noch nicht da und nun zahlt es die Bank der Firma auf deren Konto aus. Diese investiert das Geld zum Beispiel in neue Maschinen oder Dienstleistungen und löst damit dort, wo sie dies einkauft, Nachfrage aus. Durch die (gestiegene) Nachfrage haben deren Hersteller die Möglichkeit, die Preise für ihre Produkte bzw. Dienstleistungen anzuheben, wenn sie überzeugt sind, weiterhin genügend Käufer/Kunden zu finden. Tun sie dies – kostet also zum Beispiel die gleiche Maschine statt 50.000€ nun 51.500€ – dann kann man das Ergebnis Inflation nennen. In diesem Fall wären es drei Prozent.

Dies funktioniert auch umgekehrt: Bei steigenden Zinsen sinkt die Kreditnachfrage im Allgemeinen. Daher setzen Zentralbanken Zinserhöhungen als Mittel gegen eine steigende oder zu hohe Inflation ein. Denn bei sinkender Nachfrage haben Unternehmen grundsätzlich weniger Spielraum dafür, ihre Preise zu erhöhen.

Wie sieht das bei Privatpersonen aus? Ein Beispiel für sinkende/geringe Zinsen, hier im Zusammenhang mit Immobilienkrediten (da ein wichtiger Brandherd der Finanzkrise in den USA war, wird in hier der Dollar als Währung verwendet): Die Nachfrage von Privathaushalten steigt, weil geringere Zinsen eben bedeuten, dass beispielsweise für einen Wohnbaukredit die monatliche Belastung sinkt. Wenn man beispielsweise statt rund 800 Dollar monatlich nur noch gut 600 Dollar (bei 100.000 Dollar Kredit, 25 Jahre Laufzeit und 8,5 % bzw. 5,5 % Zinssatz) zahlen muss, können sich eben mehr Haushalte ein Eigenheim leisten.

Unter www.zinsen-berechnen.de/kreditrechner.php können Sie sich selbst ansehen, wie groß die Differenz der monatlichen Raten bei einer bestimmten Kreditsumme und unterschiedlich hohen Zinssätzen ist.

Für Unternehmen ist es wie oben beschrieben im Grunde ähnlich, nur dass hier größere Summen eine Rolle spielen.

Was aber passierte, dass den Zentralbanken und allen voran der US-amerikanischen eine Mitschuld an der Finanzkrise gegeben wird? Im Jahr 2000 begann nach Jahren mit teilweise erheblichen Kursteigerungen am Aktienmarkt die so genannte Internetblase zu platzen. Die Aktienkurse brachen ein und ein Wirtschaftsabschwung begann. Dies bewog die Fed dazu die Zinsen zu senken: Zum einen um die Wirtschaft anzukurbeln und zum anderen, ganz ihrer zweiten Aufgabe entsprechend, um einen hohen Beschäftigungsstand (sprich eine geringe Arbeitslosenquote) zu unterstützen. Möglich war dies, weil die Entwicklung durch eine immer geringere Inflation begleitet wurde. Die Fed senkte den Leitzins von mehr als sechs Prozent im Jahr 2000 nach und nach auf ein Prozent im Jahr 2003 – für eine Industrienation ein gigantischer Unterschied.

Nach Meinung derer, die die Zentralbank für so niedrige oder auch zu lange so niedrig gehaltene Zinsen kritisieren, förderte diese Zinspolitik die Blase, deren Platzen die Finanzkrise auslöste. Die Logik dieses Arguments ist nachvollziehbar: Durch die niedrigen Zinsen wurde sehr viel Geld(nachfrage) ›geschaffen‹, was wiederum an anderer Stelle durch die gestiegene Nachfrage die Preise explodieren ließ. Etwas höhere Zinsen hätten demnach zu geringeren Preisanstiegen und damit zu einer kleineren Blase oder dem Ausbleiben einer Blase geführt.

Welche Blase ist gemeint?
Mit den sinkenden Zinsen in den USA beschleunigte sich die Preissteigerung von Immobilien. Im Vergleich zur vorherigen Situation mit höheren Leitzinsen sorgten die niedrigen Zinsen für eine geringere monatliche Belastung im Falle eines kreditfinanzierten Immobilienkaufs. Unter anderem dadurch stieg die Nachfrage

nach Immobilien (durch Privathaushalte und auch Unternehmen) – wobei die gesamtwirtschaftliche Situation und das Beschäftigungsniveau natürlich ebenfalls wichtig sind. Da die Preise von Immobilien ebenso wie die von Aktien durch Angebot und Nachfrage zustande kommen, stiegen die Preise beispielsweise für Eigenheime sehr viel stärker als gewöhnlich. Die Menschen waren es irgendwann gewohnt, dass die Immobilienpreise immer weiter steigen. Somit fiel es ihnen auch leicht einen bereits recht hohen Preis für eine Immobilie zu zahlen - man ging ja davon aus, dass der Preis weiter steigen wird.

So entstand eine Spirale, die nachfolgend als Immobilienblase bezeichnet wurde – begünstigt durch die niedrigen Zinsen der Zentralbank.

»Ich hoffe, ich war zweideutig genug... Wenn Sie glauben, mich verstanden zu haben, dann habe ich mich falsch ausgedrückt... Ich weiß, dass Sie glauben, Sie wüssten, was ich Ihrer Ansicht nach gesagt habe. Aber ich bin nicht sicher, ob Ihnen klar ist, dass das, was Sie gehört haben, nicht das ist, was ich meinte.«

Alan Greenspan zur Geldpolitik während seiner Zeit als US-Notenbank-Chef

2. Die Immobilienkäufer

Zugegeben, die Werbebotschaften waren verlockend. Banken und Makler lockten die Menschen mit günstigen Angeboten, bei denen teilweise erst Monate nach Kreditaufnahme erste Zahlungen durch den Kreditnehmer zu leisten waren. Alles stützte sich auf die Erwartung steigender Immobilienpreise - ganz so wie man es seit Jahren gewohnt war. In Miami etwa stieg ein 100.000 Dollar teures Haus von 2000 bis 2006 durchschnittlich auf einen Wert von 280.000 Dollar.

Ein Haus zu kaufen – was in den meisten Fällen damit verbunden ist, einen Kredit aufzunehmen – ist im Leben vieler Menschen die größte finanzielle Verpflichtung, die sie eingehen werden. Man kann der Meinung sein, dass in den USA, wo die Krise in großem Umfang (aber nicht ausschließlich) ihren Ursprung hatte, zu wenig Wert auf finanzielle Grundbildung der Bürger gelegt wird – was von manchen Bildungsexperten für Deutschland ähnlich gesehen wird. Dies würde vielleicht einen großen Teil der Verantwortung für das Treffen der Entscheidung ein Haus zu erwerben, von den Schultern der Kreditnehmer nehmen.

Ein wesentlicher Punkt bei der Entstehung der Krise war, dass auf dem Höhepunkt des Booms auch viele Kredite an Menschen vergeben wurden, die über ein sehr geringes Einkommen verfügten. Die Rückzahlung des Kredites war damit in vielen Fällen fraglich. Wie fraglich, war teilweise schwer einzuschätzen, da in nicht wenigen Fällen die Kreditnehmer, anders als zum Beispiel in Deutschland, keinen Nachweis eines geregelten Einkommens oder ähnliches vorlegen mussten und in den Kreditantrag schreiben konnten, was sie wollten. Ganz recht, wer 1.500 Dollar im Monat verdiente, konnte im Kreditantrag teils einfach ein Einkommen von 3.000 Dollar angeben.

Wenn der Kredit nicht zurückgezahlt werden kann, ist das doch aber auch ein Problem der Bank, oder? Leider war es in vielen Fällen der Bank recht egal, ob der Kredit je zurückgezahlt werden würde. Einerseits gingen die Banken davon aus, dass die Immobilien bei einer Versteigerung den ausstehenden Betrag wieder einbringen würden (siehe Punkt 3), andererseits wurden das Risiko im manchen Fällen sogar völlig an jemand anderen weitergereicht (dazu siehe unter dem Punkt 4).

Doch trotz der verlockenden Angebote und der geschulten Verkäufer der Banken – gab es nicht auch Menschen, die trotz des Wunsches in die eigenen vier Wände zu ziehen, keinen Kredit aufgenommen haben? Weil sie der Ansicht waren, dass das Risiko für sie zu groß sei. Weil sie vielleicht verstanden hatten, dass von Maklern und Banken keine wirkliche Beratung zu erwarten ist, da diese eben nur am *Verkauf* des Kredites verdienen, nicht aber an dem *Verkaufsgespräch*. Und wenn es solche Menschen gab, ist es dann erlaubt zu fragen, ob manchen allzu leichtgläubigen Kreditnehmern eine winzige Mitschuld an ihrer persönlichen Finanzkrise (wenn sie den Kredit nicht zurückzahlen konnten) und damit der Finanzkrise im Allgemeinen gegeben werden kann? Entscheiden Sie selbst.

3. Die kreditgebende Bank

In vielen Fällen war es den Banken völlig egal, ob die Kunden ihre Kredite zurückzahlen können oder nicht. Sie reichten die Kredite weiter – siehe Punkt 4. Einige der vergebenen Kredite reichten sie jedoch auch nicht weiter. Das Risiko eines Zahlungsausfalls lag in diesen Fällen also sehr wohl bei ihnen.

Grundsätzlich ist das Risiko, als Bank bei Immobilienkrediten einen Verlust zu erleiden, sehr viel geringer als bei einem normalen Verbraucherkredit. Denn Wohnbaukredite sind im Gegensatz zu diesen besichert. Eine Bank vergibt den Kredit immer nur gegen das Recht, im Falle finanzieller Probleme des Kunden, diesen aus dem Haus werfen und das Haus versteigern zu können. Dieses Recht wird immer im Grundbuch einer Immobilie, eine Art Recht-und-Pflichten-Schriftstück, festgehalten.

Wenn also eine Bank einem Kunden für ein 150.000 Dollar teures Haus einen 120.000 Dollar-Kredit vergibt (den Rest muss der Kunden dann selbst aufbringen), dann kann sie selbst wenn der Kunde nicht mehr zahlen kann, diesen vor die Tür setzen und das Haus versteigern. Wenn das Haus seinen Wert nicht verloren hat, erhält die Bank einen Preis in Höhe von circa 150.000 Dollar und kann somit die noch ausstehende Kreditsumme des Kunden – die je nachdem wie viel er bereits zurückgezahlt hat zwischen 0 und 120.000 Dollar liegt – ausgleichen. Es entsteht somit kein Verlust für die Bank. Als Kunde ist man dann zwar sein Haus, aber auch seine Schulden los.

Während der Phase stark steigender Immobilienpreise begannen Banken in den USA (aber zum Beispiel auch in Großbritannien) Kredite zu vergeben, die höher waren als der aktuelle Wert des Objektes. Beim Kauf eines Hauses im Wert von 150.000 Dollar konnte man nun teilweise einen Kredit in Höhe von beispielsweise 180.000 Dollar erhalten. Die Banken gingen einfach von weiter steigenden Immobilienpreisen aus – ›bis zu einer möglichen Zwangsversteigerung hat das Haus schon seine 180.000 oder 190.000 Dollar an Wert erreicht‹, war wohl ihre Annahme. Solche Kredite vergaben sie dann immer häufiger an Kunden ohne halbwegs sicheres Einkommen. Sie waren sich ihrer Sache so sicher, dass sie auch finanziell schlecht aufgestellten Personen einen solchen Kredit gaben. In manchen Fällen wie bereits erwähnt sogar, ohne dass diese einen Beleg für ein monatliches Einkommen vorzeigen mussten. Das war schon eine sehr optimistische Wette, denn selbst bei gleichbleibenden Häuserpreisen wäre sie nicht aufgegangen. Nur bei weiter steigenden Immobilienpreisen hätte dies funktionieren können.

Im Jahr 2006 begannen die Preise allerdings zu stagnieren und anschließend zu fallen. Die optimistische Kreditvergabe funktionierte nicht mehr. Im Februar 2007 meldete New Century, als zweitgrößter Kreditgeber im Subprime-Segment, sprich im Bereich finanzschwacher Kreditnehmer, hohe Verluste in eben diesem Geschäftsbereich. Zwei Monate später wurde für New Century das Insolvenzverfahren eröffnet. Sie waren pleite – und sie sollten nicht die letzte Bank gewesen sein.

Doch auch ein anderer Knackpunkt auf der Ebene der Banken sollte erwähnt werden: Die größten Banken in Nordamerika und Europa sind fast immer börsennotierte Aktiengesellschaften – und das Interesse ihrer Eigentümer, der Aktionäre, ist nun mal die Steigerung der Rendite zur Verbesserung des Aktienkurses beziehungsweise für die Zahlung einer Dividende. Nur so zahlt sich ihre Investition aus. Das hat zur Folge, dass der Vorstand einer börsennotierten AG weder den Kunden, noch den Mitarbeitern gegenüber so großzügig sein darf, wie er gern möchte. Er hat NUR dem Aktionär des Unternehmens zu dienen. Andernfalls kann er sogar von den Aktionären verklagt werden. Die Stellenbeschreibungen von Vorstandmitgliedern solcher Unternehmen laufen auf einen wesentlichen Punkt hinaus: Mehrwert für die Aktionäre! Nicht anders! Dieses Prinzip wird *Shareholder Value* genannt.

Den Banken musste es vor diesem Hintergrund somit egal sein, welche anderen Folgen ihr Vorgehen vor und während der Finanzkrise nach sich ziehen kann, ob nun im Einzelfall für den Kreditnehmer, der seinen Kredit nicht zurückzahlen kann, oder die Gesamtwirtschaft – solange sie damit nicht ihre eigenen zukünftigen Gewinnchancen schmälert. Was gut für den Aktionär ist, sprich Geld einbringt, *muss* getan werden. Sonst hat der Vorstand seinen Job nicht gemacht. Vorstände börsennotierter Aktiengesellschaften sind nur Rädchen der Maschine Shareholder Value. Wer möchte, dass es anders läuft, muss den Shareholder Value eingrenzen oder abschaffen.

4. Regierung und Bankenaufsicht *zum Ersten*

Warum hatten die Banken oft kein wirkliches Interesse, dass der Kredit, den sie vergeben, zurückgezahlt wird? Weil sie die Kredite weitergereicht haben. Das Risiko eines Zahlungsausfalls lag damit nicht mehr bei ihnen.

Wie das funktioniert? Einfach gesagt so: Die Bank gründet eine spezielle Gesellschaft, an die die Kredite weitergereicht (genauer gesagt verkauft) werden.

Diese Zweckgesellschaft wiederum reicht die Kredite in Paketform an Inverstoren weiter, die dafür wie für ein normales Wertpapier Geld bezahlen. Dafür erhalten die Investoren Zinsen, übernehmen aber auch das Risiko, dass Kreditnehmer ihre Kredite nicht zurückzahlen können. Weitere Erklärungen dazu auch unter dem Punkt 5 »Die Ratingagenturen«.

Durch dieses Vorgehen verloren die Banken das eigentlich normale Interesse, dass die von ihnen vergebenen Kredite auch zurückgezahlt werden. Was als wichtiger Grund dafür angesehen werden kann, dass so unglaublich viele Menschen mit geringem Einkommen einen Kredit erhalten haben, den sie kaum oder von vornherein nicht zurückzahlen konnten.

Diese Vorgehensweise wurde jedoch erst möglich, weil die Bankenaufsicht und der Gesetzgeber dies zuließen. Dazu muss man wissen: Es kann auch den Kunden Vorteile bringen, wenn Banken Kredite weiterreichen können. Beispielsweise wenn die Bank erst dadurch wieder weitere Kredite vergeben kann, da sie vorher an ihre aufsichtsrechtlichen Grenzen gestoßen ist. Doch man hatte vergessen einen Sicherheitsmechanismus festzulegen – etwa, dass Banken einen Mindestanteil der Kredite die sie weiterreichen, selbst behalten müssen.

Dazu zog der damalige Deutsche-Bank-Chef Josef Ackermann im Oktober 2009 folgenden treffenden Vergleich über die Umwandlung von Krediten in Wertpapiere: »Wenn wir selbst von dem kosten müssen, was wir kochen, kann das der Qualität nur bekömmlich sein«.

5. Die Ratingagenturen

In Deutschland bekam als erste bekannte Bank die IKB (Deutsche Industriebank AG) die Auswirkungen der begonnenen Finanzkrise medienwirksam zu spüren. Sie hatte in enorm hohem Umfang in so genannte Asset Backed Securities, kurz ABS investiert. Manche dieser Wertpapiere bestanden gänzlich oder teilweise aus Subprime-Krediten, also Krediten an einkommensschwache Kunden. Wie viele andere Investoren auch hatte die IKB sehr hohe Geldsummen in ebendiese Produkte investiert. Die IKB verließ sich dabei auf die Bewertungen der Ratingagenturen.

Die Erfahrungen vor der Finanzkrise haben gezeigt, dass die Einschätzungen der Ratingagenturen bis dahin meist zutreffend waren. Über viele Jahre hinweg haben sie offensichtlich recht gute Arbeit geleistet. Dies veranlasste die Banken-aufsicht anscheinend dazu, den Banken die eigene Kreditprüfung beim Kauf von Anleihen zu erleichtern. Wenn eine Bank einem Kunden einen Kredit gibt, dann berechnet sie anhand dessen Kundendaten (zum Beispiel Einkommen, sonstiges Vermögen, Art des Kredites und berufliche Situation) wie hoch die Wahrschein-lichkeit ist, dass der Kunde den Kredit nicht zurückzahlen kann und die Bank dadurch Geld verliert. Bei Anleihen war und ist dies üblicherweise anders.

Hier haben sich im Grunde fast alle Banken, ob Sparkasse, Volksbank oder Privatbank, oft in großem Umfang und in manchen Fällen voll und ganz auf die Ratingagenturen verlassen.

Ratingagenturen sind im Grunde normale Unternehmen. Wenn Sie möchten, können auch eine gründen. Ihr Job wäre es dann, anhand der Zahlen und anderer Daten eines Unternehmens einzuschätzen, wie groß die Ausfallwahrscheinlich-keit von Verbindlichkeiten eines Unternehmens sind. Je nach Risiko werden dann verschiedene Buchstaben vergeben.

Als Beispiel soll hier das Schema von Standard & Poors, einer der marktbeherrschenden Ratingagenturen, dienen:

AAA	*Ausfallrisiko ist fast Null*
AA+ AA AA-	*Die Anlage ist sicher* – wenn auch leichtes Ausfallrisiko
A+ A A-	*Die Anlage ist sicher*, falls keine unvorhergesehenen Ereignisse die Gesamtwirtschaft oder die Branche beeinträchtigen
BBB+ BBB+ BBB-	*Durchschnittlich gute Anlage* – bei Verschlechterung der Gesamtwirtschaft ist aber mit Problemen zu rechnen

	Trennlinie zwischen eher sicherer und eher spekulativer Anlage
BB+ BB BB-	*Eher Spekulative Anlage* – bei Verschlechterung der Lage ist mit Ausfällen zu rechnen.
B+ B B-	*Spekulative Anlage* – bei Verschlechterung der Lage sind Ausfälle wahrscheinlich.
CCC+ CCC CCC-	*Spekulative Anlage* – nur bei günstiger Entwicklung sind keine Ausfälle wahrscheinlich
CC C	*Hohe Wahrscheinlichkeit eines Zahlungsausfalls* oder Insolvenzverfahren beantragt, noch kein Zahlungsverzug
D	*Zahlungsausfall*

Im Jahr 2016 beispielsweise existierten bei S&P folgende Ratings: Bundesrepublik Deutschland – AAA, Frankreich – AA, Siemens – A+, Deutsche Bank – BBB+, RWE – BBB, Griechenland – B-.

Einige Teile der Kreditpakte in Form von ABS, die vollständig aus Immobilienkrediten an Geringverdiener bestanden, erhielten vor der Finanzkrise ein AAA-Rating! Das hing zum Teil mit der Konstruktion dieser Wertpapiere zusammen:

Wenn eine Bank beispielsweise 50 Mio. Dollar an Krediten in ein ABS einbringt, dann wurde das Wertpapier beispielsweise in fünf ›Scheiben‹ aufgeteilt. Die unterste beziehungsweise schlechteste Tranche erhielt das schlechte Rating oder gar keins und die oberste das beste Rating. Hierbei wurden die Kredite allerdings nicht unterschiedlich bewertet. Die Beurteilung beruhte auf folgendem

Prinzip: Wenn von den Kreditnehmern jemand seinen Kredit nicht zurückzahlen kann, haben immer erst die Käufer der untersten Tranche das Nachsehen. Ist das ABS in fünf Tranchen a 10 Mio. Dollar aufgeteilt und die ersten 10 Mio. fallen aus, sprich Kreditnehmer können im Umfang von 10 Mio. das Geld nicht zurückzahlen, dann erleiden die Käufer der untersten Tranche einen Totalverlust – unabhängig davon, welche Kreditnehmer konkret nicht mehr zahlen können. Das Ganze funktioniert im Grunde wie ein Wasserfall: Die Inhaber der obersten Tranchen bekommen im Ernstfall immer zuerst das Geld aus Kreditrückzahlungen oder Zinszahlungen. Danach die zweite Tranche und so weiter. Die Käufer der obersten Tranche erleiden somit erst einen Verlust, wenn (in unserem 5 ›Scheiben‹-Beispiel) mehr als 80 % der Kreditnehmer Zahlungsschwierigkeiten erleiden und die Inhaber der unteren Tranchen bereits Verluste in Kauf nehmen mussten. Die Ratingagenturen haben nun aufgrund der Annahme, dass ein Totalausfall aller Kreditnehmer unwahrscheinlich ist, in manchen Fällen der obersten Tranche mit AAA das beste Rating gegeben, das es gibt.

Beispiel:

Bank	ABS-Wertpapier
50 Mio. Dollar an Krediten auf Subprime-Niveau	10 Mio.: Rating: AAA
	10 Mio.: AA
	10 Mio.: BBB+
	10 Mio.: BBB
	10 Mio.: kein Rating

Die unterste Scheibe wird im Fachjargon Equity-Piece genannt. Als Käufer dieses Teils der Wertpapiere erhält man die höchsten Zinsen. In unserem Beispiel wurde jede der 10 Mio.-Tranchen als einzelnes Wertpapier handelbar gemacht, so dass ein Investor zum Beispiel auch nur eine Mio. Dollar von der BBB-Tranche kaufen konnte.

Nach Ausbruch der Finanzkrise begannen die Ratingagenturen die Ratings herunterzusetzen. Davor war es Aufsehen erregend, wenn ein Rating von A- auf BBB+ um eine Stufe heruntergesetzt wurde und nun gab es Sprünge von AAA auf BBB und Ähnliches – unvorstellbar. Nach und nach wurde erkannt, dass die realistische Einstufung mancher Subprime-ABS deutlich verhaltener hätte aussehen müssen.

Die eigenständige Prüfung solcher Wertpapiere wäre sehr, sehr aufwändig gewesen, da ein einzelnes ABS-Wertpapier im Gegensatz zu anderen Wertpapieren teilweise mit einem buchdicken Vertragswerk versehen war. Und es gab nicht nur ABS, die Subprime-Kredite beinhalteten – es gab auch ABS, die in ABS investiert hatten, die wiederum in andere ABS investierten.

Aus sichergestellten E-Mails zwischen Ratingmitarbeitern[4] weiß man, dass wohl manchen durchaus bekannt war, wie falsch die Beurteilung der Ausfallwahrscheinlichkeiten einiger ABS war. Es waren also nicht nur falsche Annahmen der Agenturen – teilweise gründeten die guten Ratings auch auf grober Fahrlässigkeit und Vorsatz.

Eine Ursache dafür ist sicher, dass die Ratingunternehmen oft unter dem Druck standen, keine zu schlechte Bewertung vorzunehmen. Immerhin konnte man es sich als Bank ja aussuchen, von wem man seine Wertpapiere bewerten lässt. Stellen Sie sich einmal vor, Unternehmen könnten sich aussuchen, ob die Stiftung Warentest ihre Produkte bewertet oder eine Firma, die von den Aufträgen zur Bewertung lebt! So lief es aber und läuft es immer noch bei Ratings. War die Bank mit einer Bewertung nicht zufrieden, konnte sie beim nächsten Mal einfach zu einer anderen Agentur gehen. Diese wusste dann genau: Fällt das Rating zu schlecht aus, bekommt den nächsten Auftrag vielleicht wieder ein Konkurrent. So war bei jeder Vertragsverhandlung zwischen potenziellem Bewerter (der Ratingagentur) und Kunde (der Bank) klar, dass nur ein Auftrag an die Agentur vergeben wird, wenn diese sagen wir mal ›nicht so ganz enorm streng‹ vorgeht bei ihrer Bewertung. Damit übte die Bank Druck auf die Agentur aus – die ja eigentlich unabhängig sein sollte.

6. Regierung und Bankenaufsicht *zum Zweiten*

Die Banken hatten zu wenig Eigenkapital hieß es nach Ausbruch der Krise – zu Recht. Deswegen konnten sie die Verluste nicht immer schultern.

Eigenkapital dient als eine Art Verlustpuffer. Je höher das Eigenkapital eines Unternehmens im Verhältnis zu den eingegangenen Risiken ist, desto eher kann es Verluste wegstecken. In Deutschland beispielsweise mussten Banken vereinfacht gesagt mindestens acht Prozent Eigenkapital im Verhältnis zu ihren Risikopositionen ausweisen.

Dabei hat sich die Höhe der Eigenkapitalunterlegung vor der Finanzkrise durch Festlegung der Bankenaufsicht sehr stark an den Ratings der Ratingagenturen orientiert. Die 8 % stellen dabei eher so eine Art grundsätzliche Richtung dar. Im konkreten Fall kann die Eigenkapitalunterlegung, sprich Verlustpufferausstattung, auch bei 0 % oder 100 % liegen. Durch die zum Teil sehr guten – wie oben beschrieben zu guten – Ratings der Wertpapiere mussten die Banken oft nur sehr wenig oder gar kein Eigenkapital für die Investments in ABS ›hinterlegen‹. Hätten sie mehr Geld unterlegen müssen, wäre mangels Eigenkapital ein sehr viel geringeres Investitionsvolumen und damit geringere Risiken möglich gewesen. Durch die starke Fokussierung auf die Ratings liegt dadurch eine nicht unerhebliche Mitschuld bei den Regierungen und den Bankenaufsichtsbehörden.

Auch in den USA stellte die geringe Eigenkapitalausstattung ein großes Problem dar. Dort galt bis 2003 für Investmentbanken eine gleich hohe Eigenkapitalunterlegung wie in Deutschland für alle Banken. Investmentbanken haben ein teilweise risikoreicheres Geschäftsfeld als ›normale‹ Banken und durften im Gegensatz zu diesen keine Kundengelder von Privatpersonen oder Unternehmen annehmen.

Ab dem Jahr 2004 erlaubte die US-amerikanische Aufsichtsbehörde SEC dann aber den fünf größten Investmentbanken der USA, Morgan Stanley, Bear Sterns, Lehman Brothers, Merrill Lynch und Goldman Sachs, weniger Eigenmittel einzusetzen. Diese Banken hatten nun die Möglichkeit, weniger als 4 % Eigenkapital vorzuhalten.

Vielleicht kennen Sie noch den Namen der Bank, deren Pleite im September 2008 die größten Schockwellen auf dem globalen Finanzmarkt auslöste: Lehman Brothers, eine der fünf US-Investmentbanken. Zum Zeitpunkt der Insolvenzanmeldung verfügte die Bank über eine Eigenkapitalquote in Höhe von 5 %, und zwar nachdem sie diese nach Ausbruch der Krise bereits erhöht hatte!

Zwei der anderen vier Investmentbanken, Bear Stearns und Merrill Lynch, wurden während der Finanzkrise notverkauft um ihre Pleite zu verhindern. Die übrigen beiden, Goldman Sachs und Morgan Stanley, gaben ihren Sonderstatus als Investmentbank auf, um die Krise besser meistern zu können.

Das Geschäft von Banken besteht immer aus dem bewussten Eingehen von Risiken – dies sollte man wissen. Man muss sich eben gut auskennen mit den Risiken, die man eingeht – und genügend Eigenkapital vorhalten.

7. Die Investoren, die die Wertpapiere erworben haben

Gleiches Rating, ähnliche Verzinsung – so ist es ja auch logisch. Wo eine ähnliche Ausfallwahrscheinlichkeit vorhanden ist, sind auch die Renditen recht nah beieinander. Denn ein Investor wird kaum bereit sein, eine Anleihe eines Unternehmens zu gleichen Konditionen (Zinssatz/Rendite) wie die eines anderen Unternehmens zu kaufen, wenn er eine höhere Ausfallwahrscheinlichkeit zu befürchten hat. Erzielt man beim Kauf einer Unternehmensanleihe einer Firma mit einem Rating von BBB eine Rendite von zum Beispiel 4,5 %, liegen die erzielbaren Renditen anderer Unternehmen mit Rating BBB meist nicht weit davon entfernt. Je besser das Rating, respektive geringer die Ausfallwahrscheinlichkeit, desto geringer im Normalfall die Verzinsung. Dies gilt selbstverständlich in Abhängigkeit von anderen Faktoren wie etwa der Laufzeit.

Die erzielbaren Renditen von ABS lagen jedoch seltsamer Weise deutlich über denen anderer Anleihen mit vergleichbarem Rating. Daher waren sie bei Investoren so beliebt – eine höhere Rendite bei vermeintlich geringem Ausfallrisiko sowie niedrigem Verlustpuffer, da so wenig Eigenkapital unterlegt werden musste. Eine unwiderstehliche Gelegenheit.

Die entscheidenden Wetten gingen Investoren oft entweder über weiter oben beschriebene ABS oder über Credit Default Swaps (CDS) ein.

CDS sind eine Art Versicherungsverträge, bei denen eine Seite versichert – zum Beispiel gegen den Ausfall von US-Immobilienkrediten – und die andere Seite die Versicherung kauft. Als institutioneller Investor kann man auf beiden Seiten stehen und somit entweder am Eintritt oder am Ausbleiben des definierten Versicherungsfalls verdienen.

Wer eine solche Versicherung abschließt, ohne etwas versichern zu müssen (ja, das geht), kann somit dadurch Geld verdienen, dass der vereinbarte Versicherungsfall eintritt. Denn er erhält dann Geld von seinem Vertragspartner. Etwa so als würde man ein Haus gegen Überschwemmung versichern, das es gar nicht gibt. Tritt der vorher genau festgelegte Schadensfall ein, wie etwa eine Überschwemmung in einem bestimmten Gebiet oder eben die Zahlungsunfähigkeit eines Kreditnehmers, erhält man einen festgelegten Geldbetrag. Wenn man auf der anderen Seite aber nichts verloren hat, macht man einen Gewinn in Höhe der Versicherungssumme. Sollte der Versicherungsfall (die Überschwemmung oder das Kreditereignis) aber nicht eintreten, hat man Geld in Höhe der jährlich gezahlten Versicherungsprämien verloren.

Beispiel: Sie zahlen für 5 Mio. Euro einfach mal so vereinbarte Versicherungssumme jährlich angenommene 3 % Prämie, deren Höhe von der Eintrittswahrscheinlichkeit des festgelegten Versicherungsfalles abhängig ist. Wenn dann während der zum Beispiel fünfjährigen Dauer eines solchen Vertrages nichts passiert, verlieren Sie in diesem Beispiel 5 x 3 % = 15 % (750.000€). Tritt der Versicherungsfall nach beispielsweise drei Jahren ein, erzielen Sie einen Gewinn in Höhe von 91 %, sprich 4.550.000€ (denn 3 x 3 % wurden ja bezahlt).

Die Deutsche Mittelstandsbank IKB zum Beispiel ›investierte‹ dabei in großem Umfang so, dass sie gegen Erhalt einer jährlichen Versicherungsprämie einigen Hedgefonds im Falle eines Ausfalls der Immobilienkredite Zahlungen leisten musste. Die IKB war somit die ›Versicherung‹ gegen den Ausfall von US-Kreditnehmern geringer Zahlungsfähigkeit. Gratulation. Das Ergebnis war, dass die IKB nach Beginn der Finanzkrise aufgrund sehr hoher Verluste im Jahr 2007 vom deutschen Staat gerettet werden musste, während die Gegenspieler der IKB eine Menge Geld verdienten.

Eine andere Möglichkeit, beneidenswert hohe Verluste zu erzielen war der Erwerb von Asset Backed Securities. Sprich Anleihen, deren Rückzahlung abhängig ist von der Zahlungsfähigkeit der sozusagen in den Anleihen steckenden Kreditnehmer, wie etwa einkommensschwache Käufer überteuerter Immobilien.

Was wäre eigentlich passiert, wenn es keine Käufer für die ABS gegeben hätte? Genau: Nichts. Das große Rad, das die Banken bei ihrer ›offenherzigen‹ Kreditvergabe gedreht haben, wäre so nicht möglich gewesen. Bei weniger Abnehmern für die Papiere, hätten die Banken dementsprechend weniger solche Kredite vergeben können. Schließlich war die Mehrzahl der Kredite für die Weitergabe bestimmt. Nur ein geringerer Teil blieb ›in den Büchern‹ der Banken, wie man so schön sagt. In den ›Büchern‹ heißt in den Bilanzen und damit eben bei den Banken selbst.

Eine Mitschuld an der Finanzkrise tragen somit auch die Investoren, die in der Kette der Ereignisse zuletzt aktiv wurden. Darunter finden sich unter anderem Hedgefonds, Banken, Versicherungen sowie Investmentfonds.

Zusammenfassung

Die Zinsen waren niedrig – die Möglichkeit sich ein Eigenheim leisten zu können, so gut wie selten zuvor. Die Banken machten verlockende Angebote: ›Zahlen Sie wenig‹, ›zahlen Sie später‹, ›jeder kann einen Kredit bekommen‹. Dem mochte man nur zu gern Glauben schenken, wenn man sich ein Haus wünschte. Doch man konnte den Banken und Maklern nicht glauben – die Interessen von Bank und Kunde deckten sich nicht. Der Kunde möchte sein Haus abbezahlen und gerne lange behalten. Den Kreditinstituten hingegen war es egal, ob der Kunde die Schulden überhaupt würde bezahlen können. Die Aufsicht hatte den Banken die Möglichkeit verschafft, die Kredite weiterzureichen – und damit auch das Risiko eines Kreditausfalls. Die Käufer dieser Kreditpakete vertrauten dabei auf die Bewertungen der Ratingagenturen – die leider falsch waren. Sie konnten ihre Investitionen mit sehr wenig bis teilweise gar keinem Verlustpuffer ausstatten, da auch die Bankenaufsicht den Ratingagenturen glaubte. Die Blase wuchs – der Crash kam.

Ein Faktor, der zwar nicht die Ursache der Finanzkrise, vielleicht jedoch der wohl dümmste Fehler der Finanzkrise war: variable Kreditaufnahme.

In den USA, aber zum Beispiel auch in Spanien, war es über viele Jahre hinweg üblich, seinen Kredit für die Hausfinanzierung variabel aufzunehmen. Das bedeutet, man vereinbart keinen festen Zinssatz mit der Bank, der dann für zum Beispiel 10 oder 15 Jahre gilt, sondern lässt den Zinssatz regelmäßig an die aktuelle Zinsentwicklung anpassen. Dadurch fehlt es jedoch an Planungssicherheit. Zinsen steigen und fallen. Wenn man jedoch wie in Deutschland üblich, seine Zinsen meist für viele Jahre der Finanzierung fest vereinbart, können einem die Entwicklungen der Marktzinsen egal sein: Die monatlichen Raten für das Haus bleiben gleich.

Es gibt zwei Vorteile von variabler Kreditaufnahme: Erstens kann man von fallenden Marktzinsen durch die beispielsweise halbjährlich erfolgende Zinsanpassung profitieren. Der andere Vorteil ist, dass man im Falle unverhofften

Reichtums den Kredit schnell zurückzahlen kann – das geht bei langjähriger Zinsfestschreibung zwischen Bank und Kunde eher nicht. Hier kann man immer nur einen Teil zurückzahlen, zum Beispiel jährlich 10 % zusätzlich zu den monatlichen Raten.

In welcher Zinsphase nahmen viele Menschen ihren Kredit variabel auf? Zwischen 2002 und 2005 lag der Leitzins in den USA zwischen einem und zwei Prozent. Wie tief können Zinsen dann noch fallen? Richtig: nicht sehr tief. Wie hoch können Zinsen steigen? Sehr hoch. Wie realistisch ist es, das größere Teile der Bevölkerung zufällig während ihrer Hausfinanzierung zu Reichtum gelangen? Genau.

In einer Niedrigzinsphase lässt man Zinsen festschreiben – daran gibt es nichts herumzudeuteln. Auch wenn man bei dabei in Kauf nimmt, nicht mehr von dann höchstens noch minimal fallenden Zinsen profitieren zu können. Im Gegenzug ist man jedoch für viele Jahre gegen steigende Zinsen abgesichert.

Als in den USA der Leitzins zwischen 2004 und 2006 von einem auf mehr als fünf Prozent stieg, gerieten so manche Kreditnehmer infolge der gestiegenen monatliche Raten in Zahlungsschwierigkeiten.

Fazit

An dieser Stelle vielleicht eine Premiere: Die Idee, dass nicht einem der Akteure der Finanzkrise die Schuld gegeben werden muss, sondern allen zusammen.

100 % Schuld, aufgeteilt entsprechend der Untergliederung dieses Kapitels:

Akteur	Anteil der Schuld
Die Notenbank – aufgrund der niedrigen Zinsen	15%
Die Hauskäufer – da sie teilweise zu leichtgläubig waren	5%
Die kreditgebende Bank – weil sie sich auch verschätzt haben, obgleich es ihnen oft auch egal war	15%

Regierung und Bankenaufsicht (1) – weil die Banken ohne Interesse an Rückzahlung die Kredite weiterreichen konnten	20%
Die Ratingagenturen – weil sie sich verschätzt haben und teilweise vorsätzlich zu positiv beurteilten	15%
Regierung und Bankenaufsicht (2) – weil sie den Ratings blind vertrauten und die Banken deswegen zu wenig Eigenkapital unterlegen mussten	15%
Die Investoren – weil sie sich nicht genau genug angesehen haben, was sie da kaufen	15%
Alle zusammen	100%

Zitate zur Finanzkrise

Alan Greenspan, vom 11. August 1987 bis zum 31. Januar 2006 Vorsitzender der US-Notenbank Fed, im Oktober 2008:

> *»Die Finanzmarktkrise ist ein Kredit-Tsunami, den es nur einmal in hundert Jahren gibt.«*

Josef Ackermann, von 2006 bis 2012 Vorsitzender des Vorstandes der Deutschen Bank AG, im Mai 2008:

> *»Wir sind am Beginn des Endes der Krise.«*

- Die Insolvenz von Lehman Brothers und der Krisenhöhepunkt folgten dann in der zweiten Jahreshälfte 2008.

Axel Weber, von 2004 bis 2011 Präsident der Deutschen Bundesbank, im November 2008:

>*»Deutschland wäre der Finanzkrise auch mit einer anderen Aufsichtsstruktur nicht entkommen.«*

Volker Kauder, seit 2005 CDU/CSU-Fraktionschef, im September 2008:

>*»Die neoliberale These, dass der Markt alles richtet, ist falsch.«*

Oskar Lafontaine, von 2007 bis Mai 2010 Parteivorsitzender der Linken, im Oktober 2008:

>*»Es ist ein Treppenwitz der Geschichte, dass in der Wall Street, der Hochburg des Kapitalismus, die Verstaatlichung der letzte Rettungsanker ist.«*

Barack Obama, von 2009 bis 2016 Präsident der USA, im September 2008:

>*»Während der letzten acht Jahre wurde der Konsumentenschutz vernichtet, es wurde auf Kontrollen verzichtet, aber gleichzeitig kassierten die Firmenchefs völlig überzogene Sonderzahlungen.«*

David Letterman, ehemaliger US-Late-Show-Moderator, im Oktober 2008:

>*»Wenn ich clever gewesen wäre, hätte ich vor einem Jahr mein ganzes Geld in die Firma gesteckt, die diese ›House For Sale‹-Schilder herstellt.«*

5. C-D

cable

Das Britische Pfund wird im Anlegerjargon auch (the) *cable* genannt. Ebenso wird der Begriff für das Währungspaar GBP/USD verwendet, bezugnehmend auf das Atlantik-Kabel, das im 19. Jahrhundert London und New York verband und für ersten Transaktionen in diesem Währungspaar genutzt wurde.

Call/Kaufoption

Ein *Call* beinhaltet das Recht, etwas zu einem späteren Zeitpunkt zu einem vorher festgelegten Preis zu erwerben.

-   siehe auch unter *Option und Optionsschein*

CFD

Contract for Difference

CFDs sind Hebelprodukte, mit denen man überproportional an der Wertentwicklung eines bestimmten Finanztitels teilhaben kann. Es gibt CFDs für praktisch alle gängigen Assetklassen.

CFDs sind dabei jedoch keine Wertpapiere, die man an einer Börse kaufen kann. Sie werden über spezielle CFD-Broker gehandelt. Solche Broker sind zum Beispiel WH Selfinvest, CMC Markets oder IG Markets. Man muss wie bei einer Bank ein Konto eröffnen, um CFDs handeln zu können.

Viele Trader mögen und nutzen CFDs. Um sich nicht zu übernehmen muss beim Einsatz dieser Produkte jedoch sehr diszipliniert und risikobewusst agiert werden.

Chart

graphische Darstellung historischer Wertpapierkurse[1]

Ein Chart ist eine Art Diagramm zur Darstellung der Kursentwicklung eines Wertpapiers oder eines Marktes. Eine übliche Darstellungsform ist der Linienchart. Außerdem sehr gebräuchlich sind Kerzen- und Balkenchart. Der dargestellte Zeitraum reicht je nach Bedarf von sehr kleinen Zeiträumen (Stunden/Minuten) bis hin zu sehr großen (Jahrzehnten). Sehen Sie im Büro eines Vorstandes einer AG einen Chart mit dem steigenden Aktienkurs seines Unternehmens, sollten Sie sich auch den Zeitraum anschauen. Es könnte sein, dass er die einzigen sechs Monate der letzten Jahre gewählt hat, in denen die Aktie nicht gefallen ist.

Cost-Average-Effekt

nennt man den Vorteil des geringeren durchschnittlichen Einstiegspreises, der entsteht, wenn man gleichbleibende Beträge wie bei einem Sparplan in ein mit Preisschwankungen versehenes Produkt investiert (im Gegensatz zum Kauf einer immer gleichbleibenden Anzahl von Anteilen unabhängig vom jeweils aktuellen Preis).

Heißt im Grunde hauptsächlich: Wenn regelmäßig etwas zur Seite legen, dann in gleichbleibenden Beträgen investieren und nicht immer die gleiche Stückzahl kaufen. Die Betrachtung von Beispielrechnungen im Internet kann beim Verständnis helfen.

Kauft man das falsche Produkt oder steigt am Ende in einem Crash aus, kann einen das Cost-Averaging natürlich auch nicht retten.

CPPI

Expertenwissen als kleiner Bonus:
CPPI steht für *Constant Proportion Portfolio Insurance* und ist eine von institutionellen Investoren angewandte Wertsicherungsstrategie.

Dabei wird das Ziel verfolgt, bei steigenden Märkten in risikoreicheren Assets investiert zu sein, um an Kursgewinnen teilhaben zu können; sowie im Falle von Kursrückgängen einen bestimmten Wert des Vermögens zu erhalten.

Dazu wird, vereinfacht gesagt, bei fallenden Kursen der Teil des Vermögens, der in der risikoreichen Assetklasse investiert ist, ganz oder teilweise in eine risikoarme Assetklasse umgeschichtet.

Wenn man beispielsweise als Investor 10 Mio. Euro anlegt und mind. 8 Mio. Euro erhalten möchte, dann könnte man zum Beispiel mit 4 Mio. Euro Aktien- und 6 Mio. Euro Geldmarktanteil beginnen. Fallen die Aktienkurse etwas, reduziert man den Aktienanteil, bleibt aber etwas in Aktien investiert. Steigen die Aktienkurse wieder, steigt auch das Vermögen und man ist im positiven Sinne wieder weiter von seinem Mindestwert von 8 Mio. Euro entfernt. Der Aktienanteil kann dann wieder erhöht werden. Fallen die Kurse stärker, ist auch ein völliger Ausstieg aus den risikobehafteten Assets möglich. Ist zu diesem Zeitpunkt die Grenze zu den 8 Mio. Euro erreicht, müssen die risikoarmen Anlagen erst wieder einen gewissen Puffer erwirtschaften, um einen Einstieg in risikoreichere Investments zu ermöglichen.

Dachfonds

Ein *Dachfonds* ist ein Fonds, der wiederum in andere Fonds investiert.

Wenn ein Fonds, der beispielsweise in verschiedene Assetklassen investiert, nicht direkt die Aktien, Anleihen, Geldmarktpapiere usw. erwirbt, sondern hierfür wiederum Fonds kauft, die dies für ihn übernehmen, spricht man von einem Dachfonds.

Bekannte Dachfonds sind zum Beispiel der *Sauren Global Balanced A* (WKN: 930920) oder der *UniStrategie: Ausgewogen* (WKN: 531411). Unter www.fondsweb.de können Sie sich nach Eingabe der WKN recht gut über Anlagegrundsatz, die vergangene Wertentwicklung usw. informieren.

Dax

Deutscher Aktienindex

Der Dax spiegelt die Entwicklung der Aktienkurse von 30 deutschen Unternehmen wider. Er wird als Leitindex für den deutschen Aktienmarkt angesehen.

Vereinfacht gesagt enthält der Dax die 30 größten deutschen börsennotierten Unternehmen. Unternehmen, wie z.b. Rewe oder Bosch, die zwar zu den 30 größten zählen, aber keine börsennotierten Aktiengesellschaften sind, werden dadurch nicht im Dax geführt.

Welche Aktie in den Dax aufgenommen wird und welche ausscheidet, legt die Deutsche Börse AG fest. Zu ihren Entscheidungskriterien gehören neben der Größe einer AG, genauer gesagt ihrer Marktkapitalisierung, auch der Börsenumsatz (sprich, die Einschätzung, wie stark eine Aktie von den Anlegern gehandelt wird) und ihr *Streubesitz*. Es ist somit möglich, dass ein Unternehmen zwar zu den 30 größten zählt, jedoch nicht in den Dax aufgenommen wird, da Börsenumsatz und Streubesitz zu gering sind.

Die im Dax enthaltenen Unternehmen sind nicht gleichgewichtet, sondern können zwischen unter 1 % und maximal 10 % ausmachen.

Der Dax hat zwar eine WKN (846900), man kann ihn aber nicht direkt kaufen. Es ist jedoch möglich, Fonds oder Zertifikate zu kaufen, welche die Wertentwicklung des Dax nachbilden.

Depot

Ein Wertpapierdepot, oder kurz *Depot*, dient der Verwahrung von Wertpapieren.

Wer Wertpapiere hat, besitzt auch ein Depot. Einige Banken und Broker verlangen für die Depotführung Gebühren, bei anderen ist sie kostenfrei.

ins Depot legen

»Ich hab mir kürzlich ein paar Allianz ins Depot gelegt.« Sie lesen richtig: das »Aktien« hinter »Allianz« lässt man durchaus einfach weg. Man kann sich auch ein paar »Deutsche Wohnen« oder ein paar »TUI« ins Depot legen. Aber bloß nicht »TUI-AG-Aktien« – Anfängersprache.

Verwender der sich-ins-Depot-legen-Formulierung geben viel über sich preis – was ihnen allerdings nicht immer bewusst ist. Diese durchaus nicht selten anzutreffende Formulierung verwenden tendenziell Anleger, denen kurzfristige Gewinne auch nicht ungelegen kommen. Gleichzeitig sind sie sich aber ihrer begrenzten Anlagekünste halbbewusst, und aus diesem Grund haben sie sich vorsichtshalber schon mal damit abgefunden, dass ihre Investition längerfristig ist – da sie kurzfristig eben nicht unbedingt Gewinne abwerfen wird.

Wer sich ›was ins Depot legt‹, macht das für länger. An mögliche Schmerzen bei einem Verkauf mit Verlust möchte ein solcher Anleger gar nicht erst denken. ›Irgendwann wird die Position schon im Gewinn sein‹ ist seine heimlich-naive Hoffnung.

Derivat

Derivate sind Termingeschäfte, deren Bewertung von den Preisschwankungen und -erwartungen zugrundeliegender Basisinstrumente (wie etwa Aktien, Anleihen, Devisen, Indizes) abgeleitet wird.

Beispiele sind etwa Optionen und Futures. Optionsscheine werden als verbriefte Derivate bezeichnet.

Derivate können unter anderem zur Absicherung gegen Kurseinbrüche oder zur Spekulation eingesetzt werden.

Devisen

Devisen sind Guthaben oder Schecks in ausländischer Währung. Ausländische Banknoten (Geldscheine) und Münzen werden Sorten genannt.[1]

Als Devisen werden ganz einfach Währungen bezeichnet. Nichts weiter. Wie Aktienkurse werden auch laufend Devisenkurse berechnet: Wie steht der Euro in dieser Sekunde zum US-Dollar, der US-Dollar zum Schweizer Franken, und der Schweizer Franken zum Japanischen Yen lässt sich ebenso wie die Entwicklung des Rohstoff-, Anleihen- oder Aktienmarktes alles online nachvollziehen.

Der Devisenmarkt kann auch als eigenständige Assetklasse betrachtet werden. Banken und andere Marktteilnehmer haben schon immer auch auf die Veränderung von Wechselkursen spekuliert. Im Devisenhandel kann man nicht allein auf eine Währung wie etwa den Euro setzen, sondern immer nur auf den Euro im Verhältnis zu einer anderen Währung, zum Beispiel zum britischen Pfund oder zum US-Dollar.

Discount-Zertifikat Ist ein Anlagezertifikat, welches dem Anleger an der Wertentwicklung eines zugrundeliegenden Basiswertes in begrenztem Umfang partizipieren lässt.

Dabei kann der Anleger bis zu einem gewissen Punkt an steigenden Kursen teilhaben. Auf der anderen Seite werden Verluste durch den Discount als Puffer etwas abgefedert.

In fallenden Märkten können grundsätzlich jedoch immer noch recht hohe Verluste mit Discountern eintreten.

Am attraktivsten sind sie in Phasen hoher erwarteter Volatilität, wenn Sie persönlich von einer geringeren tatsächlichen Volatilität ausgehen. Denn hier springen aufgrund der Konstruktionsweise dieser Produkte die besten Konditionen heraus.

Eher unattraktiv sind Discounter in Zeiten geringer Volatilität, da der Puffer dann recht klein ist und Sie nur geringfügig von steigenden Kursen profitieren können. Die Erwartung seitwärts tendierender bis leicht steigender Kurse des Underlyings muss dann umso genauer zutreffen, damit sich die Investition in ein Discount-Zerti gelohnt hat. Sollte man an der anlegertypischen Überschätzung der Genauigkeit der eigenen Kursprognosen leiden, wird man aber dennoch mal einen Versuch wagen wollen.

Eine gute Beschreibung und Veranschau-
lichung findet sich bei der *FAZ*. Der Artikel
»Erklärstück: Discount-Zertifikate« lässt
sich durch googeln leicht finden.

Dividende

Gewinnabhängige Zahlung an die Aktionäre[1]
Die *Dividende* nennt man den Teil des Gewinns, den eine AG einmal jährlich an ihre
Aktionäre auszahlt. Die Höhe der Dividende wird auf der jährlichen *Hauptversammlung* festgelegt. Der Vorstand schlägt sie vor
und die Aktionäre müssen zustimmen.

Dabei kann es auch bei etablierten Unternehmen vorkommen, dass mangels eines
Gewinns keine Dividende ausgeschüttet
wird, wie bei der Commerzbank für die Ge-
schäftsjahre 2008 bis 2014 geschehen.

Eines sollte man unbedingt verstanden
haben (nicht jeder scheint folgendes voll-
ends zu wissen): Die Zahlung einer Dividende mindert den Wert der Unternehmensbeteiligung, da schließlich der Aktienkurs durch den Abfluss des Geldes sinkt.
Zahlt eine AG mit Kurs 42,50€ eine Dividende in Höhe von 1,20€ pro Aktie, werden
diese 1,20€ vom Kurs abgeschlagen. Finden
sonst keine Kursveränderungen statt, notiert die Aktie an dem Tag, an dem die Dividende ausgeschüttet wird anschließend bei
41,30€.
Sie haben es bereits verstanden. So toll ist
die Sache mit der Dividende also nicht. Sie

muss schließlich auch noch versteuert werden. Wäre das Unternehmen in der Lage etwas Vernünftiges mit dem Geld anzufangen, würde man klugerweise die Dividende im Unternehmen belassen – das sieht übrigens auch Warren Buffett so. Denn so könnte auch dieser Teil des Gewinns zur Verbesserung der Geschäftsaussichten verwendet werden.

Wer unbedingt etwas auf seinem Konto haben möchte, kann schließlich auch in Höhe der gewünschten Dividendenrendite einen Teil seines Aktienbestandes verkaufen – das ist wirtschaftlich gesehen das Gleiche wie der Erhalt einer Dividende. Aber weil sich eine jährliche Ausschüttung für Anleger psychologisch so schön anfühlt, hat sich eine wirtschaftlich gesehen völlig unlogische Kultur entwickelt.

Dividendenrendite

Gibt an, wie hoch die Dividende im Verhältnis zum Kurs einer Aktie ist.

Bayer etwa hat im Jahr 2016 eine Dividende in Höhe von 2,50€ je Aktie gezahlt. Je nachdem welchen Zeitpunkt man für die Auswahl des Aktienkurses wählt, fällt die Dividendenrendite unterschiedlich aus.

Entsprechend dem Kurs am Tag der Hauptversammlung in Höhe von 101,46€ pro Aktie ergibt sich damit eine Dividendenrendite von 2,46 %.

Diversifikation

Als *Diversifikation* bezeichnet man die Risikostreuung einer Geldanlage durch Investition in mehrere Wertpapiere oder Assetklassen.

Da sich Wertpapiere mit verschiedenen Eigenschaften in vielen Fällen unterschiedlich entwickeln, wird die Diversifikation als Mittel zur Risikoverteilung auf mehrere ›Schultern‹ eingesetzt.

Bei einer Investition in den Aktienmarkt kann man gegenüber einem Kauf von nur einer Aktie von Diversifikation sprechen, wenn man mehrere Aktien verschiedener Branchen/Regionen oder einen Aktienfonds erwirbt.

Bricht der gesamte Aktienmarkt ein, bringt dies allerdings wenig – für diesen Fall ist eine Diversifikation über mehrere Assetklassen sinnvoll. Im Falle einer großen weltweiten Krise laufen jedoch auch viele Assetklassen gleich schlecht – eine Rettung können für diesen Fall Staatsanleihen mit AAA-Rating sein.

Dotcom-Blase

Der Begriff *Dotcom-* oder Internetblase ist ein durch die Medien geprägter Kunstbegriff für eine im März 2000 geplatzte Spekulationsblase am Aktienmarkt.

Da die Kurse Ende der 1990-er Jahre durch hohe Gewinnerwartungen, insbesondere junger Technologieunternehmen, extrem gestiegen waren und diesen Bewertungen keine ausreichenden Gegenwerte gegenüberstanden, sprach man von einer

Blase. Aufgrund der Euphorie nahmen viele Marktteilnehmer nicht wahr, dass die oft kaum bekannten Unternehmen die in den Aktienkursen einpreisten Gewinne nicht erreichen konnten. Im Jahr 2000 begann ein bis 2003 andauernder Kursverfall, bei dem viele der zuvor stark gestiegenen IT-Unternehmen beinahe ihren gesamten Börsenwert verloren oder teilweise sogar wieder von der Börse verschwanden. Auch der Dax musste große Verluste einstecken.

Dünner Markt

Bezeichnet geringe Umsätze in einem Markt oder einem Wertpapier – wird auch als ›enger Markt‹ bezeichnet.

»Wer viel Geld hat, kann spekulieren.
Wer wenig Geld hat, darf nicht spekulieren.
Wer kein Geld hat, muss spekulieren.«

André Kostolany, berühmter Börsenanleger

6. Die zehn wichtigsten Regeln für Erfolg bei der Geldanlage

1. Erkennen Sie sich Selbst – genauer gesagt Ihre Denk- und Verhaltensweise bei der Geldanlage!

2. Erkennen Sie sich Selbst – genauer gesagt Ihre Denk- und Verhaltensweise bei der Geldanlage!

3. Erkennen Sie sich Selbst – genauer gesagt Ihre Denk- und Verhaltensweise bei der Geldanlage!

4. Erkennen Sie sich Selbst – genauer gesagt Ihre Denk- und Verhaltensweise bei der Geldanlage!

5. Erkennen Sie sich Selbst – genauer gesagt Ihre Denk- und Verhaltensweise bei der Geldanlage!

6. Erkennen Sie sich Selbst – genauer gesagt Ihre Denk- und Verhaltensweise bei der Geldanlage!

7. Erkennen Sie sich Selbst – genauer gesagt Ihre Denk- und Verhaltensweise bei der Geldanlage!

8. Erkennen Sie sich Selbst – genauer gesagt Ihre Denk- und Verhaltensweise bei der Geldanlage!

9. Erkennen Sie sich Selbst – genauer gesagt Ihre Denk- und Verhaltensweise bei der Geldanlage!

10. Erkennen Sie sich Selbst – genauer gesagt Ihre Denk- und Verhaltensweise bei der Geldanlage!

Es nützt manchmal wenig eine gute Börsenstrategie oder die besten Regeln der Geldanlage zu kennen, wenn man nicht in der Lage ist, sie konsequent umzusetzen und psychologisch begründete Fehler zu vermeiden. Vielleicht ebenso wie im Leben heißt es bei der Geldanlage: Erkenne Dich selbst! Alles andere kommt von seiner Bedeutung erst danach. Versuchen Sie ruhig, hübsch anzusehende Ratgeber-Tipps ohne die Auseinandersetzung mit sich selbst zu befolgen. Sie werden sehen: Ihr langfristiger Misserfolg gibt mir in den meisten Fällen Recht. Wie bereits Benjamin Graham, der Begründer der Aktienanalyse, sagte: »Das Hauptproblem des Investors – und sogar sein schlimmster Feind – ist wahrscheinlich er selbst.«

Es funktioniert leider selten Weisheiten auf dem Präsentierteller serviert zu bekommen. Damit Einsichten ihre volle Wirksamkeit entfalten können, muss man sie sich erarbeiten. Daher wird an dieser Stelle kein ernsthafter Versuch unternommen, die Psychologie des Menschen bei Geldentscheidungen erschöpfend zu erörtern. In dem in hier zur Verfügung stehenden Rahmen ist dies nicht möglich. Es soll an dieser Stelle jedoch um die Verdeutlichung der Wichtigkeit dieses Themas gehen.

Es ist eigentlich kaum hilfreich irgendwelche Börsenregeln zu lernen, die irgendwo so nett und plausibel benannt sind. Diese Regeln können richtig sein, Sie können diesen Regeln noch so sehr zustimmen. Wenn es ernst wird, werden Sie wie die meisten reagieren: Genau falsch. Das Beste: Sie merken es kaum.

Stellen Sie sich nur vor: Tagelange liebevolle Arbeit beim Beschaffen von Informationen. Sie lesen ein paar Tageszeitungen. Kaufen sich vielleicht ein Börsenmagazin. Recherchieren im Internet. Sie lehnen sich in Ihrem Stuhl zurück und bilden charismatische Denkfalten aus bei der Überlegung, ob dies jetzt gerade die Zeit sei, Aktien zu kaufen. Sie kommen zu dem Schluss, dass man sich ja mal ein paar Aktien anschauen könne. Erst schränken Sie ein paar Branchen ein. Etwas Spekulatives muss es ja nicht sein. Eher die grundsoliden Branchen. Ihnen persönlich sind ganz bestimmte Aktien schon von vornherein sympathischer als andere. Am Ende irgendeines Tages ist die Entscheidung gefallen: Die Aktie x wird am nächsten Tag gekauft.

In den ersten Tagen verfolgt man in der Mittagspause und wann immer es sonst geht den aktuellen Kurs. Es gehen einem ein paar Gedanken durch den Kopf, die irgendwie ein gutes Licht auf die Kaufentscheidung werfen. Problemlos können Sie mehrere gute Gründe für den Kauf aufzählen. Gegenargumente fallen

Ihnen kaum ein. Sicher, genau wisse man nie, was passiert. Aber bei Ihrer Vorbereitung? Sie haben alles Nötige getan. Das wird schon. Am Anfang hat ein minimales Zucken der Aktie nach unten es Ihnen kurz unwohl im Bauchraum werden lassen. Doch anschließend weist die Aktie einen positiven Trend auf. Mitte der zweiten Woche nach dem Kauf liegt sie etwas im Plus. Ein schönes Gefühl, wenn Prognosen zutreffen. Sie werden selbstbewusst. Sie überlegen ungewollt schon, ob Sie vielleicht noch weitere Aktien kaufen sollten. Eine gute Analyse hat schließlich auch eine gute Entscheidung als Ergebnis. Ein paar Wochen nach dem Kauf ist die Aktie deutlich im Plus. Das sieht richtig gut aus im Chart. Sie stellen sich die Frage, ob es wohl irgendwann Zeit sein könnte, den Gewinn zu realisieren. Schließlich kann so ein Trend nicht ewig anhalten. Ein bisschen warten Sie noch ab, sagen Sie sich. 20 oder 30 Prozent bis zum Ende des Jahres sind durchaus möglich, oder?!

Die Aktie fällt ein wenig. Gut, Verschnaufpausen gehören dazu. Dann fällt sie etwas deutlicher – fast auf Ausgangsniveau. Nein, das war ein langfristiges Investment! Gleich wieder verkaufen kommt nicht in Frage. Sie sind klug. Sie lassen sich nicht verunsichern. Jetzt fällt die Aktie unter den Kaufkurs. Ein Minus. Sie fühlen sich unwohl. Das kann doch nicht sein, sagen Sie sich. Wieso das? Völlig unverständlich. Verkaufen? – Ach nein, langfristig wird das schon wieder werden. Man darf nur nicht nervös werden. Sie bleiben investiert. Jetzt ist der Kurs noch weiter gefallen. Gut, darauf kommt es jetzt fast auch nicht mehr an. Der weitere Rutsch ins Minus tut irgendwie schon nicht mehr ganz so weh wie der anfängliche. Wenn Sie drinbleiben, werden Sie irgendwann mit Stolz auf Ihre Entscheidung zurückblicken können. Wer Erfolg haben will, muss auch Durststrecken aushalten können. Nachdem die Aktie begann, ein wenig zu steigen, ist sie nun noch tiefer gefallen. Einige Zeit lang ging das so. Ziemlich deutlich ist sie inzwischen im Minus – so eine Sch… Sie fangen nochmal an zu überlegen. Was soll ich jetzt machen? Verkaufen oder Halten. Was spricht wofür? - Sie werden tun, was die meisten Anleger an dieser Stelle tun. Sie werden halten. Es fühlt sich nicht gut an, im Minus zu sein. Aber jetzt verkaufen? Was ist, wenn die Aktie anschließend steigt. Zu schlimm der Gedanke, auf das richtige Pferd gesetzt zu haben und nur zum falschen Zeitpunkt ausgestiegen zu sein. Es tut weniger weh, jetzt drin zu bleiben. Sie werden noch eine ganze Weile drinbleiben. Schließlich kann sich eine Aktie immer erholen. Doch es tut sich nichts – kein Anstieg. Irgendwann schalten Sie ab. Der Aktie wird erst wieder Aufmerksamkeit geschenkt, wenn sie sich spürbar erholt hat. Bis dahin lassen Sie das Ganze jetzt einfach mal so, wie es ist. Sie widmen sich etwas anderem…

Wurde vielleicht an irgendeiner Stelle ein Fehler gemacht?
- Einer?!

Es ist typisch, im Verlustbereich eher zu halten und im Gewinnbereich eher verkaufen zu wollen, um die Gewinne zu realisieren. Das zeigt die Erfahrung und das zeigen Experimente. Macht das Sinn? Keinesfalls. Erfolgreiches Investieren funktioniert erfahrungsgemäß genau umgekehrt: Verluste sollten begrenzt werden und Gewinne sollte man laufen lassen.

Psychologische Erklärungsansätze zum Verkaufen im Gewinnbereich

- Sie sehen eher das Risiko, dass die erreichten Gewinne wieder abschmelzen, als die Chance auf weiter steigende Kurse.
- Sie möchten gern richtiggelegen haben. Verkaufen Sie im Plus, können Sie sich als erfolgreichen Anleger betrachten. Halten Sie weiter, gehen Sie die Gefahr ein, dass die Gewinne wieder abschmelzen. Ein typisches Verhalten wäre es auch, den Einstiegskurs als Untergrenze festzulegen, bei der man spätestens verkauft, wenn der Kurs wieder fallen sollte. Das macht jedoch keinen Sinn. Dem Aktienkurs ist es nämlich egal, wann Sie eingestiegen sind. Entweder macht es Sinn zu halten oder es ist sinnvoll zu verkaufen.
- Bezugspunktdenken nach einem Anstieg der Aktie: Der höhere Kurs wird von Ihnen als neuer Bezugspunkt gesehen. Sinken die Kurse, wird das als relativer Verlust wahrgenommen, auch wenn man noch über dem Einstand ist. Genauso kann natürlich auch die Orientierung an Ihrem Einstiegskurs als Bezugspunktdenken betrachtet werden. Ja, selbstverständlich ist es normal seinen Einstiegskurs im Auge zu haben. Aber grundsätzlich ist es später jedoch ökonomisch irrelevant für die Frage Verkaufen oder Halten.
- Verlustangst: Verluste schmerzen Anleger im Allgemeinen stärker, als sie sich über Gewinne gleicher Höhe freuen. Wenn sie die Chancen auf 30 % Kursrückgang und 30 % weiteren Kursanstieg gleich einschätzen, tendieren Anleger eher zum Verkauf.

- Sie sehen eher die Chance einer möglichen Erholung. Informationen, die dafür sprechen werden eher wahrgenommen. Informationen, die dagegensprechen, werden eher ignoriert.
- Sie denken: Wie schlimm wäre es, wenn Sie jetzt verkaufen und anschließend erholt sich die Aktie. Dass es rational gesehen genauso schlimm ist, wenn die Aktie weiter fällt, bemerken Sie gar nicht. Ein weiterer Verlust wird typischerweise weniger schmerzhaft empfunden, als die ersten Minusprozente. Ökonomisch gesehen sind 30 % minus jedoch 30 % minus, egal ob eine Aktie vom Einstandskurs auf 70 % oder von 70 % auf 40 % fällt.
- Sie haben andere von Ihrem Kauf wissen lassen. Wenn Sie jetzt danach gefragt werden und von einem Verkauf erzählen müssten, fühlt sich das ganz und gar nicht gut an. Das käme dem Eingeständnis eines Fehlers gleich und tut dem Selbstwertgefühl nicht gut. Wer nicht verkauft, muss sich selbst oder anderen gegenüber auch keine realisierten Verluste eingestehen.

Doch die Fehler fangen nicht erst bei der Frage Halten oder Verkaufen an. Bereits bevor wir kaufen, machen wir Denkfehler. Tendieren wir erst mal zu etwas hin, nehmen wir meist verstärkt Informationen wahr, die unsere innere Tendenz bestätigen – meist ohne dieses Vorgehen zu registrieren. Genau das ist jedoch der Schlüssel zum Erfolg: Verstehen, wie man tickt. Erkennen, was man falsch macht. Sich eingestehen, dass man die eigene Prognosefähigkeit oft überschätzt. Bemerken, dass man gern ursächliche Zusammenhänge sucht, wo vielleicht gar keine zu finden sind.

Wer bei der Geldanlage langfristig erfolgreich sein will, kommt nicht um das Verstehen und Vermeiden psychologischer Fallstricke herum. Darüber hinaus sind Kenntnisse im Bereich der (Finanz-)Psychologie bei der Einschätzung anderer Marktteilnehmer sehr hilfreich. Denn schließlich machen am Ende die Menschen die Kurse – und nichts sonst.

Ein paar Beispiele für psychologische Fallstricke[5]:

a) Zwei Gruppen mussten in einem Experiment innerhalb von fünf Sekunden das Ergebnis einer Rechenaufgabe schätzen. Die erste Gruppe sollte das Produkt von 1x2x3x4x5x6x7x8 schätzen. Die zweite Gruppe das Produkt aus der umgekehrten Reihenfolge 8x7x6x5x4x3x2x1. In beiden Fällen ist das Ergebnis 40.320. Jedoch schätzte die erste Gruppe das Ergebnis im Schnitt 512 und die zweite im Schnitt 2.250 (Kahneman & Tversky 1982). Es fällt auf, dass die Gruppe, bei der die Zahlenfolge mit den hohen Zahlen anfing, das Ergebnis höher einschätzte – die zwei Gruppen kamen aufgrund einer verzerrten Wahrnehmung auf unterschiedliche Schätzergebnisse. Die Abweichungen vom tatsächlichen Ergebnis sind hier zweitrangig.

b) Wenn jemand sechs Kinder bekäme, welche Geschlechterreihenfolge ist dann wahrscheinlicher (M=Mädchen, J=Junge): MMMMMM oder MJJMMJ?

Die Mehrheit von uns hält vermutlich die zweite Reihenfolge für wahrscheinlicher (Kahneman & Tversky 1982). Davon ausgegangen, dass das Geschlecht eines Kindes nicht das Geschlecht des nachfolgenden Kindes beeinflusst, ist das jedoch falsch. Beide Reihenfolgen sind grundsätzlich gleich wahrscheinlich: 0,5 x 0,5 x 0,5 x 0,5 x 0,5 x 0,5 = 1,6 %.

c) Folgende Informationen sind zu einer fiktiven Person namens Linda bekannt: Sie ist 31 Jahre alt, sehr intelligent und nimmt kein Blatt vor den Mund. Sie hat Philosophie studiert. Als Studentin hat sie sich auch intensiv mit den Fragen sozialer Gerechtigkeit und Diskriminierung beschäftigt. Außerdem hat sie an Anti-Kernkraft-Demonstrationen teilgenommen. Probanden sollten nun die Wahrscheinlichkeiten folgender Behauptungen schätzen:

1. Linda ist Bankangestellte
2. Linda ist Bankangestellte und aktiv in der Frauenbewegung

Die Mehrheit der Versuchspersonen (ca. 90 %) hielt die zweite Aussage für wahrscheinlicher. Es ist bei genauer Betrachtung jedoch unlogisch, dass beide Behauptungen (Bankangestellte, aktiv in Frauenbewegung) wahrscheinlicher sind als eine davon (Bankangestellte). Das ist in etwa so, als würde man einen Vierer im Lotto für wahrscheinlicher halten als einen Dreier.

d) In einem Experiment konnte man zwischen folgenden Alternativen wählen:

    1) Heute 100€ oder

    2) In vier Wochen 110€ erhalten

Rational gesehen bekommt man für vier Wochen warten 10 % Rendite und müsste sich eigentlich für diese Alternative entscheiden. Jedoch entschieden sich 82 % der Probanden für Variante 1). Die irrationale Überbewertung des Gelderhaltes im Jetzt ist wohlmöglich auch einer der Gründe, warum Investoren und Trader Gewinne oft sehr früh mitnehmen.

Außerdem konnte man auch zwischen folgenden Alternativen wählen:

    3) 100€ in 26 Wochen oder

    4) 110€ in 30 Wochen erhalten

In diesem Fall entschied sich die Mehrzahl der Probanden (63 %) für die Variante 4). Mit zunehmender zeitlicher Entfernung nimmt der irrational stark ausgeprägte ›besser-früher-als-später‹-Effekt somit ab.

Die aufgeführten Beispiele sollten Ihnen verdeutlichen, dass wir oft nicht so rational bewerten und entscheiden, wie wir annehmen. Das Schlimmste steht Ihnen jedoch noch bevor – die Erkenntnis wen »wir« mit einschließt: nämlich Sie!

Sie machen Ihren Erfolg bei der Geldanlage und im Umgang mit Geld im Allgemeinen deutlich wahrscheinlicher, wenn Sie sich mit finanzpsychologischer Selbsterkenntnis beschäftigen.

Wann Sie einen Schritt weiter sind in Ihrem Denken

- Wenn Sie aufhören zu glauben, dass ein erfolgreiches Investment ganz Ihrem Können zu verdanken ist und bei einem schlechten Investment der Markt Ihnen einen Strich durch die Rechnung gemacht hat. Entweder verdanken Sie Erfolg wie Misserfolg eher sich selbst oder beides eher dem Zufall. Alles andere ergibt keinen Sinn.

- Wenn Sie sich eingestehen können, dass auch Sie bei finanziellen Entscheidungen in der Vergangenheit Denkfehler begangen haben.

- Wenn Sie anfangen, auch in Ihrem Alltag festzustellen, wie oft Menschen ursächliche Zusammenhänge sehen, wo dies eher zweifelhaft als offensichtlich ist.

- Wenn Sie aufhören, bei tatsächlich oder vermeintlich irrationalen Entscheidungen von Menschen nur ›ich versteh nicht, wieso die das so machen‹ zu denken - und anfangen, gezielt die psychologischen Gründe bzw. Bedürfnisse zu suchen, die Menschen zu ihren Entscheidungen bewegen, ganz gleich, ob ihnen das bewusst ist oder nicht.

»Das Geheimnis des erfolgreichen Börsengeschäftes liegt darin, zu erkennen, was der Durchschnittsbürger glaubt, das der Durchschnittsbürger tut.«

John Maynard Keynes

7. E-G

Emission

Bezeichnet das Begeben/an die Börse bringen eines Wertpapieres durch einen Emittenten.

- siehe *Emittent*

Emittent

Ist das Unternehmen oder die Institution, die ein Wertpapier begibt/ausstellt.

Bei einer Anleihe ist der Emittent das Unternehmen, dessen Anleihe man kauft. Bei einer Daimler-Anleihe ist der Emittent die Daimler AG, bei einer Bundesanleihe die Bundesrepublik Deutschland.

Bei einem Dax-Zertifikat eben die Bank, welche das Zertifikat begibt (z.B. die Commerzbank) – unabhängig davon, was das Zertifikat für eine Wertentwicklung abbildet.

ETF

Exchange-traded Fund/Indexfonds

Fondsanteile, die Anleger wie Aktien über die Börse tagesaktuell kaufen und verkaufen können.[1]

ETFs stellen eine sehr kostengünstige Alternative zum Erwerb aller einzelnen Wertpapiere eines Index dar, indem sie in etwa zum Preis einer durchschnittlichen Aktie privaten sowie institutionellen Anlegern die Möglichkeit bieten, annähernd 1:1 an der Wertentwicklung eines Index wie dem Aktienindex Dax teilzuhaben.

Ein ETF besitzt dabei keinen Fondsmanager, der laufend die Märkte beobachtet und Umschichtungen der Investments vornimmt. Er wird passiv verwaltet, beispielsweise indem man ihn darauf ausrichtet, die Wertentwicklung eines Index einfach nachzubilden.

Seit einiger Zeit gibt es auch Strategie-ETF's, die zwar ebenso kein Fondsmanagement haben, jedoch mit Hilfe einer vorher festgelegten recht ›steifen‹ Strategie versuchen, den Vergleichsindex zu schlagen.

Einen ›normalen‹ ETF auf den Dax finden Sie zum Beispiel über die WKN DBX1DA.

Euro STOXX 50

Der *Euro STOXX 50* ist ein Aktienindex, der 50 der größten börsennotierten Unternehmen der Eurozone enthält. AGs aus Ländern, die keinen Euro haben, sind nicht enthalten.

- siehe auch *STOXX 50*

Eurex

Steht für European Exchange und ist eine der größten Terminbörsen für Finanzderivate (Optionen und Futures).

Sie wird von der Deutsche Börse AG und der SIX Swiss Exchange betrieben.

Euwax

Steht für *European Warrant Exchange* und bezeichnet den Teil der Stuttgarter Börse, an

dem derivative Wertpapiere wie Optionsscheine und Zertifikate gehandelt werden.

EZB   *Europäische Zentralbank*, auch ECB – European Central Bank

Die EZB legt die Zinsen fest, zu denen
sich die in Euro-Ländern befindlichen Geschäftsbanken (Großbanken, Volksbanken,
Sparkassen) bei ihr Geld beschaffen bzw.
Geld bei ihr anlegen können. Diese Zinssätze bilden eine Art Rahmen für die Zinsen,
zu denen Banken untereinander Geld handeln.

Der Leitzins ist einer der drei Zinssätze,
die die EZB festlegt. Er schreibt den Min-
destsatz vor, den Banken bieten müssen, um
für eine Woche Geld von der EZB zu erhalten. Die eigentliche Bezeichnung lautet
Hauptrefinanzierungsfazilität oder Haupt-
refinanzierungssatz.

Im Zuge der Finanzkrise ist die EZB dazu
übergegangen den Zinssatz festzuschreiben
– Banken mussten also nur genau den Satz
in Höhe des Leitzinses zahlen und nicht
mehr. Darüber hinaus wurde nun bei ausreichenden Sicherheiten immer die volle Höhe
der Kreditnachfrage seitens der Banken zu-
geteilt – eine absolute Megakrisenmaß-
nahme, die weit über das vermeintliche
Ende der Finanzkrise beibehalten wurde
und auch im Jahr 2016 noch galt.

Die einzige Aufgabe der EZB heißt Preis-
niveaustabilität – wobei das Ziel bei einer

Inflation von maximal 2 % allgemein als erfüllt gilt.

Im Unterschied dazu hat die US-amerikanische Notenbank Fed (Federal Reserve) offiziell zwei Aufgaben: eine geringe Inflation und eine niedrige Arbeitslosigkeit.

Festgeld

Ein *Festgeld* ist eine mit einer festen Laufzeit versehene Geldanlage bei einer Bank.

Meist wird hierbei Geld für einen Zeitraum von wenigen Monaten bis zu mehreren Jahren für einen fest vereinbarten Zinssatz angelegt. Im Grunde handelt es sich allerdings auch eine Anlage mit einer Laufzeit von einer Woche bereits um Festgeld.

Als Anleger kann man bis zum Fälligkeitstag nicht an sein Geld und bekommt im Gegenzug grundsätzlich einen höheren Zinssatz als bei einer täglich verfügbaren Anlage wie einem Tagesgeldkonto.

Firstfive

Sollte das Vermögen bereits die Grenze übersteigen, ab der die Mandatierung eines Vermögensverwalters möglich ist (je nach Verwalter zwischen etwa einer halben und einer Million Euro), kann man sich bei den Rankings der *Firstfive AG* informieren, welche Assetmanager in der Vergangenheit unter Rendite- und Risikogesichtspunkten erfolgreich abgeschnitten haben.

Die Zahl der geprüften Depots ist bei Firstfive mitunter jedoch sehr gering – was bedeuten könnte, dass die Aussagekraft der Rankings eher begrenzt ist.

Fonds	siehe *Investmentfonds*
Fondsgesellschaft	siehe *KAG*
Freefloat	siehe *Streubesitz*
Fundamentalanalyse	Untersuchung eines Wertpapiermarktes bzw. einzelnen Wertpapiers, um den inneren Wert zu ermitteln.[1]

Fundamentalanalyse   Untersuchung eines Wertpapiermarktes bzw. einzelnen Wertpapiers, um den inneren Wert zu ermitteln.[1]

Gegenstück: *technische Analyse*

Die Fundamentalanalyse verwendet die Betrachtung einer Reihe von Kennzahlen, um die zukünftige Tendenz/Entwicklung von Kursen zu prognostizieren.

Solche Kennzahlen können bei Aktien zum Beispiel die Eigenkapitalquote oder das Gewinnwachstum sein.

Stellt man mittels der Fundamentalanalyse einen fairen Wert eines Unternehmens von 75€ pro Aktie fest und notieren die Aktien gerade bei 51€, wäre die logische Schlussfolgerung diese Aktie zu kaufen, sofern sich keine bessere Gelegenheit bietet.

Future

Futures sind Terminkontrakte auf ein bestimmtes Gut.

Terminkontrakte auf Waren werden Commodity Futures, diejenigen auf Aktien, Anleihen, Indizes und Währungen Financial Futures genannt.[2] Der Käufer verpflichtet sich hierbei, eine bestimmte Menge und Qualität des zugrundeliegenden Basiswerts zu einem bestimmten in der Zukunft liegenden Zeitpunkt zu einem bei Abschluss festgelegten Preis abzunehmen. Der Verkäufer des Kontraktes unterliegt den gleichen Pflichten spiegelbildlich – er muss also liefern. Üblicherweise wird sich diesen Pflichten jedoch durch Glattstellen der Position entzogen, wenn der Zweck des Geschäfts, wie etwa die Spekulation auf eine bestimmte Preisentwicklung, erfüllt ist. Dies bedeutet, wer zuerst gekauft hat, verkauft nun zum Schließen der Position den gleichen Kontrakt in der gleichen Menge und umgekehrt.

Futures sind standardisiert. Ein Future auf eine deutsche Aktie bezieht sich grundsätzlich auf die Menge von 100 Aktien eines Unternehmens. Außerdem gibt es viele weitere Standards, wie die Tatsache, dass ein Future meist den dritten Freitag des Monats, in dem er fällig wird, als letzten Handelstag vorsieht. Wer einen Future zum Schluss des letzten Handelstages im Bestand hat, muss ihn erfüllen. Wer seine Position vorher durch Verkauf oder Kauf (wenn man erst verkauft hat – ja, das geht) schließt, ist seine Verpflichtung los und braucht nichts zu tun.

Man kann Futures ebenso wie etwa Optionen sowohl zur Spekulation als auch zur Absicherung nutzen.

Optionen und Futures werden nur an speziellen Börsen gehandelt, in Deutschland zum Beispiel an der Eurex.

Garantiefonds

Ein *Garantiefonds* garantiert dem Anleger zum Ende seiner Laufzeit (ein Garantiefonds hat immer eine begrenzte Laufzeit) die Rückzahlung von 100 %.

Sofern ein Ausgabeaufschlag gezahlt wurde, ist dieser jedoch in den 100 % inbegriffen.

Ein Garantiefonds kann grundsätzlich in verschiedene Assetklassen investieren. Die Fondsgesellschaft kann jedoch nicht so chancenreich wie zum Beispiel ein reiner Aktienfonds investieren, da sie zum Laufzeitende die Garantie einhalten muss. Ein Garantiefonds ist somit kein Fonds, der die Vorteile anderer Fonds bietet und den Nachteil möglicher Verluste ausschaltet. Wer einen solchen Fonds in Betracht zieht, muss sich im Klaren darüber sein, dass der Fonds grundsätzlich nur sehr begrenzt von steigenden Kursen chancenreicher Märkte profitieren wird.

Garantie-Zertifikat

Garantie-Zertifikate garantieren grundsätzlich zum Laufzeitende(!) die Rückzahlung des eingesetzten Kapitals und versprechen darüber hinaus eine meist begrenzte Partizipation an der Wertentwicklung eines Basiswerts.

Wichtig zu wissen ist, dass Garantie-Zertifikate während der Laufzeit auch unterhalb des Kaufpreises notieren können. Wodurch man nicht immer ohne Verlust aussteigen kann – die Garantie gilt eben nur zum Ende der Laufzeit.

Die Garantie muss dabei nicht immer bei 100 % sein, sie kann auch bei z.B. 90 % oder 110 % liegen.

Außerdem ist zu beachten, dass ein eventuell anfallender Ausgabeaufschlag nicht unter die Garantie fällt. Heißt es »Rückzahlung in Höhe von 100 % garantiert« und Sie zahlen 100 % + 2 % Ausgabeaufschlag, sind die 2 % nicht garantiert.

Garantie-Zertifikate sind eher nur in Einzelfällen eine Überlegung wert. Verstanden haben sollte man auch, dass die Rückzahlung von mindestens 100 % in fünf Jahren nicht bedeutet, dass man nichts verloren hat, falls das Zertifikat keine positive Wertentwicklung aufzuweisen hat. Man verliert grundsätzlich entgangene Zinsen einer alternativen sicheren Anlage sowie inflationsbedingt eine gewisse Kaufkraft.

Dazu sollte man noch das Ausfallsrisiko des Emittenten berücksichtigen, das bei allen *Zertifikaten* gilt.

Geld	Der *Geld-Kurs* bezeichnet den Preis, zu dem ein Marktteilnehmer ein Wertpapier zum Kauf nachfragt.
	- siehe auch *Brief*
Geldmarkt	Es wird allgemein zwischen dem Geld- sowie dem Kapitalmarkt unterschieden. Zum Geldmarkt zählen dabei tendenziell Zinsanlagen mit einer Laufzeit von bis zu 12 oder 24 Monaten. Die Definition ist hier nicht brancheneinheitlich. Der Kapitalmarkt umfasst somit Titel ab einer Laufzeit von ein oder zwei Jahren.
Geldmarktfonds	Investieren in Geldmarkttitel und verwandte Wertpapierformen. Dazu gehören neben Anleihen mit geringer Restlaufzeit zum Beispiel auch variabel verzinsliche Wertpapiere. Diese passen ihre Zinszahlungen mind. einmal jährlich (häufig alle sechs Monate) an die Marktzinsen an. Dadurch verhalten sie sich hinsichtlich der Schwankungen aufgrund von Zinsänderungen wie Wertpapiere mit einer geringen Restlaufzeit.
	Verglichen mit einem Geldmarktkonto streuen Geldmarktfonds die Risiken. Auf der anderen Seite ist es jedoch nicht leicht, eine ordentliche Rendite zu erwirtschaften, da die fondseigenen Kosten erst einmal verdient werden müssen.
Geldmarktkonto	siehe *Tagesgeldkonto*

Genussschein

Genussscheine sind eine Art Mischform zwischen Aktie und Anleihe, die in ihrer Ausstattung als Wertpapier gesetzlich nicht geregelt sind.

Es könnte bspw. sein, dass ein Genussschein eine höhere Verzinsung als eine einfache Unternehmensanleihe zahlt – die Zahlung jedoch bei einem schlechten Geschäftsjahr seitens des Unternehmens auch mal ausfallen kann.

Darüber hinaus bedeutet ›Mischform‹ immer auch, dass man als Anleger im Falle einer Insolvenz sein Geld erst nach der Bedienung der Forderungen der Inhaber ›normaler‹ Anleihen, jedoch noch vor den Aktionären erhält – selbstverständlich nur, wenn die Insolvenzmasse dies hergibt.

Im Anlegerjargon werden Genussscheine auch ›Genüsse‹ genannt.

Geschlossene Fonds

Bei dieser Produktkategorie werden Anlegergelder zur Finanzierung beispielsweise von Schiffen, Filmen, Immobilien, Windkraftanlagen, Flugzeugen oder anderen Projekten eingesammelt. Es gibt zu Beginn einen Zeitraum, in dem die Gelder eingesammelt werden und anschließend wird der Fonds geschlossen – man kann somit grundsätzlich nun nicht mehr rein und nicht mehr raus. Es gibt jedoch einen Zweitmarkt, über den man dann einen Käufer für seine Anteile suchen kann – dies funktioniert wie eine Art inoffizielle Börse für Geschlossene Fonds.

›Normale‹ Fonds sind offen, sie können grundsätzlich börsentäglich erworben und auch wieder an die Fondsgesellschaft zurückgeben werden. Dies geht bei Geschlossenen Fonds nicht, man ist grundsätzlich für mehrere festgelegte Jahre gebunden. Was Vorteile mit sich bringen kann. Allerdings haben sich Geschlossene Fonds in der Vergangenheit trotzdem meist nur für die Anbieter gelohnt.

Mehr zu Geschlossenen Fonds im Kapitel 16 »In was investieren?«

Globalurkunde

Sammelurkunde für mehrere Wertpapiere[1]

Es existiert meist praktisch nur eine Urkunde stellvertretend für beispielsweise alle Aktien eines Unternehmens.

Daher ist es im Gegensatz zu früheren Zeiten kaum mehr möglich, die Aktien als Inhaber papierhaft zu Hause aufzubewahren.

Greenback

So wird im Anlegerjargon der US-Dollar genannt. Die Bezeichnung geht auf die ersten Dollar-Banknoten aus dem 19. Jahrhundert zurück, die wie der Name vermuten lässt, aufgrund ihrer Farbe so genannt wurden.

8. So ordert man Wertpapiere

Im Allgemeinen ist eine Ordermaske in etwa wie folgt aufgebaut:

a) Name/WKN/ISIN: _____

b) Stückzahl/Nominal: _____

c) Handelsplatz: ( ) ....

        ( ) ....

        ( ) ....

        ...

d) ( ) bestens/billigst ( ) Limit ( ) Stop ( ) Stop-Buy/Stop-Sell

e) gültig bis: ( ) tagesgültig ( ) ultimo ( ) gültig bis ( ) GTC

f) Orderzusatz: *zum Beispiel* ( ) fill-or-kill ( ) immediate-or-cancel

a) Hier geben Sie die WKN oder ISIN des Wertpapiers ein, das Sie handeln möchten. Oft wird anschließend zur Kontrolle vom System das Wertpapier namentlich angezeigt, damit man weiß, ob auch die richtige Kennnummer eingetippt wurde.

b) Im Folgenden gibt man die Stückzahl ein. Bei manchen Brokern wird dann gleich automatisch berechnet, welche Ordergröße sich in der Summe daraus ergibt. Zumindest sollten Sie einen Hinweis bekommen, wenn das Volumen Ihre ›Buying-Power‹ übersteigt, Ihnen also nicht genügend Geld für die eingetippte Stückzahl zur Verfügung steht. Das passiert nicht unbedingt sofort, es kann auch sein, dass dies erst zu einem späteren Zeitpunkt angezeigt wird.

Bei Anleihen gibt man den Nominalbetrag an. Viele Anleihen haben als kleinste handelbare Einheit 1.000€. In dem Fall kann man somit nur in 1.000-er Schritten kaufen. Egal wo der Kurs liegt, ob bei 99 % oder 102 %, es werden immer glatte Beträge angegeben – wenngleich natürlich die krummen Beträge bezahlt werden müssen.

c) Im Normalfall stehen Ihnen hier die gängigen Börsenplätze (Xetra, Frankfurt, Stuttgart/Euwax, Hamburg usw.) zur Auswahl.

Nachdem Sie sich für eine Börse entschieden haben, sind Angebot und Nachfrage an den anderen Börsen irrelevant. Es zählt einzig und allein, dass an dem Börsenplatz ihrer Wahl ein Verkäufer bereit ist, zu Ihren Preisvorstellungen zu verkaufen oder zu kaufen. Manchmal kann die Wahl des Börsenplatzes somit eine wichtige Entscheidung sein. Meistens entscheiden sich Anleger für die Börse, an der aktuell die meisten der gewünschten Wertpapiere gehandelt werden, da hier am wahrscheinlichsten ihre Order schnell zum Zuge kommt.

Bei gängigen Aktien dürfte Xetra somit meist die beste Wahl sein. Unter onvista.de können Sie nachsehen, welche Börse den meisten Umsatz verzeichnet. Dazu findet sich unter dem Chart bei den »Kursen« der Punkt »zur Übersicht Handelsplätze«. Grundsätzlich ist es kein Fehler, die Börse mit dem höchsten Wert unter dem Punkt »Volumen« für seine Order auszuwählen. Eine Alternative bietet Tradegate. Das ist eine Art ›außerbörsliche Börse‹. Es kann jedoch sein, dass Tradegate nicht bei jedem Broker neben den ›normalen‹ Börsen ausgewählt werden kann.

Bei Zertifikaten und Optionsscheinen gibt es außer den Börsen Frankfurt und Euwax (Stuttgart) noch die Möglichkeit des außerbörslichen Handels. »Direkthandel« oder »OTC« sind mögliche Namensgebungen, die Ihr Broker verwenden könnte.

Bei Fonds steht Ihnen neben einigen ›normalen‹ Börsenplätzen wie Hamburg oder Stuttgart noch der Handel über Ihren Broker zur Verfügung: »Fondshandel« oder »KAG« sind mögliche Bezeichnungen.

d) Sie müssen sich anschließend entscheiden, ob Sie eine Order limitiert oder unlimitiert aufgeben möchten. Geben Sie die Order ohne Limit auf, bekommen Sie den nächstbesten Kurs. Mögliche Bezeichnungen sind »billigst« bei einem Kauf, »bestens« bei einem Verkauf oder allgemein »market«. Bei Blue-Chips ist die Liquidität im Allgemeinen so hoch, dass Sie unlimitiert ordern können. Bei kleineren Werten mit geringem stündlichem Umsatz kann es sein, dass der Kurs, den man beim unlimitierten Handel erhält, etwas weiter entfernt ist von einem eigentlich fairen Preis. Hier sollten Sie eher limitiert ordern.

Bei einer Limit-Order geben Sie ein, was Sie bei einem Kauf höchstens bereit sind zu zahlen oder im Falle eines Verkaufs mindestens haben möchten. Bei liquiden Werten bedeutet die Eingabe aber nicht, dass Sie vom Skontroführer an der Börse nicht auch einen besseren Kurs bekommen, wenn dies möglich ist. Sie sollten daher nicht zu hart mit einem Limit sein – im Ernstfall wird Ihre Order nämlich nicht ausgeführt, wenn der gewünschte Kurs nicht zustande kommt.

Eine weitere Orderart stellen Stop-Orders dar. Nach unten hin kann man sein Investment so gegen fallende Kurse absichern – dies nennt sich dann auch Stop-Loss. Dazu geben Sie zum Beispiel bei einem aktuellen Kurs von 45,20€ den Kurs ein, ab dem Sie glauben, dass der Wert weiter fallen könnte oder Sie einfach keine weiteren Verluste akzeptieren möchten, beispielsweise 37,85€. Erreicht der Titel diesen Kurs, wird Ihre Order automatisch zum nächstbesten Kurs ausgeführt.

Nach oben hin bestimmt man mit einem Stop, in diesem Fall auch Stop-Buy genannt, ab wann man in den Titel einsteigen will. Bei einem aktuellen Kurs von zum Beispiel 19,50€ könnte man ein Stop-Buy zum Beispiel bei 21,25€ reinlegen (Anlegerjargon: man ›legt ein Limit in den Markt‹). Das würde der Meinung entsprechen, dass der Wert erst weiteres Aufwärtspotenzial aufweist, wenn er es schafft dorthin zu kommen. Sonst könnte man ihn ja schließlich auch gleich kaufen. Stop-Buys spielen eine eher untergeordnete Rolle.

e)   Bei unlimitierten Orders braucht man sich keine Gedanken hinsichtlich der Gültigkeit machen. Schließlich wird die Order wahrscheinlich gleich oder in den nächsten Minuten ausgeführt.

Bei Limit-Orders ist dies anders. Man muss entscheiden, bis wann die Order an der Börse verbleibt, bis sie entweder ausgeführt oder gelöscht wird. ›GTC‹ steht für Good-Till-Cancelled – sprich gültig bis sie von Ihnen gelöscht oder ausgeführt wird. ›Ultimo‹ bedeutet gültig bis zum Monatsende, ›Ultimo +1‹ bis zum Ende des nächsten Monats. Es ist ebenso möglich, eine Order tagesgültig zu erteilen.

f)   Es gibt noch einige verschiedene Orderzusätze, die optional gewählt werden können. Zwei Beispiele: ›Fill-or-Kill‹ bedeutet, die Order soll sofort vollständig ausgeführt oder von der Börse gleich wieder gelöscht werden. ›Immediate-or-

Cancel« bedeutet, dass eine sofortige Ausführung gewünscht ist, wobei eine unvollständige Ausführung dabei akzeptiert wird. (Teil-)Orders, die nicht unmittelbar ausgeführt werden können, löscht die Börse anschließend. Solche Orderzusätze sind allgemein eher von untergeordneter Bedeutung für Privatanleger. Wer leidenschaftlich darüber diskutiert, zeigt damit nicht sein Wissen, sondern entlarvt sich als unerfahren.

Beim konkreten Kauf/Verkauf

…von Aktien:

Will man unbedingt limitiert kaufen, werden Realtimekurse benötigt. Sie werden anhand der Uhrzeitangabe von Börsenkursen meist erkennen, dass diese Neartime sind, sprich mindestens eine Viertelstunde alt. Um einen vernünftigen Limitkurs angeben zu können, muss man jedoch wissen, wie die Geld-Brief-Kurse genau zum Zeitpunkt der Orderabgabe sind. Zwar bieten viele Webseiten Realtimekurse nur gegen Gebühr an, bei einigen können Sie jedoch kostenfrei Indikationen für Realtimekurse erhalten.

Beispiel: Der Titel notiert bei 61,55€ Geld zu 61,56€ Brief. Der günstigste Verkäufer will also 61,56 € pro Aktie. Eine Limitorder könnte zum Beispiel zum Kurs von 61,56 € pro Aktie aufgegeben werden.

Bei gängigen Aktien wie DAX- oder MDAX-Werten können Sie wie erwähnt recht sorgenfrei auch unlimitierte Orders aufgeben und sich die Mühe mit der Beschaffung der Realtimekurse sparen. Die Börsen Frankfurt und vor allem Xetra haben hier meist die größten Umsätze. Xetra führt das Feld normalerweise bis 17:30 Uhr (da schließt Xetra) an. Nach dem Xetra-Schluss fahren Sie bis 20:00 Uhr (dann schließen grundsätzlich auch die anderen deutschen Börsen) zum Beispiel in Frankfurt oder Stuttgart ganz gut. Die Computerbörse schließt also um halb sechs, während die Menschen an den Präsenzbörsen bis 20 Uhr arbeiten? Sie haben es erfasst: Der Rechner hat ganz einfach bessere Arbeitszeiten verhandelt. Eine weitere mögliche Erklärung finden Sie unter dem Punkt »Xetra«.

Orderzusätze können Sie für den Anfang vernachlässigen – und später eigentlich auch. Sollten Sie ein Limit eingeben, das sehr knapp ist oder sogar erst mal nicht ausgeführt werden kann, sollten Sie über die Dauer der Ordergültigkeit nachdenken.

...von Zertifikaten und Optionsscheinen:

Hier dürfte der OTC-Handel in vielen Fällen der beste Weg sein. Oft sind die Kurse an den Börsen und im Direkthandel nahezu oder vollkommen identisch. Da der OTC-Handel in der Regel geringere Gebühren mit sich bringt, können Sie ihn dem Börsenhandel vorziehen.

Eine OTC-Order, bei der Kurs vom Emittenten des Wertpapiers kommt, funktioniert etwas anders als eine normale Order.

Es gibt keine klassische Auswahl wie Market oder Limit. Sie tippen zunächst einfach die gewünschte Stückzahl ein. Anschließend gibt es einen Button, der »Kurs holen« oder so ähnlich heißt. Nach dem Klicken darauf wird ein Kurs angezeigt. Dieser ist dann zum Beispiel fünf Sekunden lang gültig. Entweder Sie klicken innerhalb dieser Zeit auf »Kaufen« bzw. »Verkaufen« oder der Kurs verfällt wieder. Ihr Broker wird die abgelaufene Zeit irgendwie kenntlich machen, zum Beispiel, indem Sie dann gar nicht mehr auf »Kaufen« klicken können. Sie können grundsätzlich so oft Sie wollen auf »Kurs holen« klicken.

...von Fonds:

Bei freien Fondsvermittlern gibt es einige Fonds gänzlich ohne Ausgabeaufschlag. Meist rechnet es sich den gewünschten Fonds hier zu kaufen, auch unter Berücksichtigung der Depotgebühren. Bietet Ihr Broker gerade eine Null-Ausgabeaufschlag-Aktion an, ist es hier ebenso möglich, Fonds ohne AA zu kaufen. Dann haben Sie tatsächlich 0,00€ Kosten. Der nächstbeste Weg ist die Börse. Sehr viele Fonds sind inzwischen über die Börse käuflich (oder sagen wir ›handelbar‹, wer möchte schon ›käuflich‹ sein) – aber eben nicht alle. Hier kommen ähnlich wie beim Kauf von Aktien Broker- und Börsengebühren auf Sie zu. Außerdem ist noch die Geld-Brief-Spanne zu berücksichtigen. Zählt man diese Kosten zusammen, kann ein Fondskauf über die Börse Sie durchaus etwa ein bis zwei Prozent des Anlagebetrages kosten, was allerdings immer noch günstiger ist, als den vollen Ausgabeaufschlag bei Ihrer Hausbank zu bezahlen. Dies sollten Sie nur in Betracht ziehen, wenn Sie sicher sind, hierfür eine gute Beratung zu erhalten.

Wundern Sie sich nicht, dass der Börsenkurs etwas vom Kurs der Fondsgesellschaft entfernt ist (also dem Rücknahmekurs, der den wahren Wert eines Fondsanteils widerspiegelt). Der Börsenpreis preist die aktuelle Marktentwicklung schon ein. Steigt der Euro STOXX 50 an einem Handelstag gerade um ein Prozent und Sie kaufen einen Fonds, der nah an diesem Index investiert, dann wird der Fondspreis der Börse dies berücksichtigen und teurer sein als der Rücknahmepreis der Fondsgesellschaft. Vergessen Sie jedoch nicht: Langfristig ist die Leistung des Fonds entscheidender als der Preis.

Der Verkauf eines Fonds ist grundsätzlich über die Rückgabe an die KAG am günstigsten. Hierbei fallen keinerlei Kosten an. Nur wer unbedingt *jetzt* aussteigen möchte und nicht zu dem Preis von morgen oder übermorgen (den man bei der Rückgabe an die KAG erhält), muss den Weg über die Börse wählen.

Es kann Banken bzw. Broker geben, bei denen es schwierig ist, einen Fonds, den man über die Börse erworben hat, anschließend an die KAG zurückzugeben. Zur Sicherheit sollte man sich hier vorab informieren, denn die dann entstehenden Kosten müssen berücksichtigt werden.

»Es gibt Leute, deren Herzen gerade in dem Grad
einschrumpfen, als ihre Geldbörsen sich erweitern.«

Aldous Huxley

9. H-K

Handelsvolumen	siehe *Umsatz (Börse)*

Hausse

positiver Börsentrend mit nachhaltig steigenden Kursen[1]

Die Zeit vor dem Ausbruch der Finanzkrise, als der Dax von rund 2200 Punkten im Jahr 2003 auf mehr als 8000 Punkte im Jahr 2007 stieg, kann als Hausse bezeichnet werden.

Gegenstück: *Baisse*

Hauptversammlung

bezeichnet die Versammlung der Aktionäre sowie ein Organ einer AG[1]

Bei der in der Regel einmal jährlich stattfindenden *HV (Hauptversammlung)* stimmen die Aktionäre über wichtige grundsätzliche Entscheidungen des Unternehmens ab – beispielsweise über Änderungen der Statuten oder die Verwendung des Gewinns für die Dividende. Die Aktionäre entscheiden also im Grunde selbst, wie viel des Gewinns sie ausgeschüttet haben möchten. Ebenso abgestimmt wird über Kapitalerhöhungen, die zum Beispiel für Übernahmen benötigt werden.

Hebeleffekt

Durch den Einsatz von Krediten kann bei Wertpapierinvestitionen ein *Hebeleffekt* erzielt werden.

Der Hebeleffekt kann dabei bereits im Produkt stecken, wie dies zum Beispiel bei CFDs der Fall ist. Hier nimmt der Anleger oder Trader nicht selbst einen Kredit durch irgendein zusätzliches Tun auf, sondern sein CFD-Broker macht dies automatisch für ihn. Hedgefonds hingegen, die häufig einen Hebeleffekt nutzen, nehmen manchmal tatsächlich durch den Gang *zur* oder zumindest das Telefonat *mit* der Bank die Kredite für ihre Fonds auf.

Bewegt man mit 1.000€ Eigenkapital Wertpapiere im Wert von 10.000€, hat man einen Hebel von 10. Steigt der Kurs des Wertpapiers um 1 %, sprich die 10.000€ investiertes Kapital wachsen um 100€ an, gewinnt man bezogen auf 1.000€ Eigenkapital 10 % hinzu. Bei einem Hebel von 10 partizipiert man also 10-fach von einer Bewegung des Wertpapiers/Basiswerts. Selbstverständlich gilt dies auch, wenn es gegen einen läuft: Verliert der Titel 3 %, büßt man 30 % seines Kapitals ein.

Hedgefonds sind Investmentvehikel, die in ihrer Anlagepolitik grundsätzlich keinen Beschränkungen unterliegen. Sie können in jede Assetklasse auf praktisch jede technisch machbare Weise investieren.

Sie können dabei ähnlich wie ein ›normaler‹ Aktien- oder Rentenfonds investieren, aber auch etwas völlig anderes machen und

Stile und Instrumente anwenden, die andere Fonds nicht oder in nur sehr geringem Umfang nutzen können.

- siehe auch im Kapitel 2 »Fonds – eine Einführung«

Hypfe

Investorjargon für *Hypothekenpfandbrief.* Es handelt sich um eine spezielle Form von Anleihen, die hauptsächlich von institutionellen Anlegern genutzt wird

- siehe auch *Öpfe*

Ifo

Der *ifo-Geschäftsklimaindex* ist ein Frühindikator für die deutsche Wirtschaft, der vom ifo Institut München ermittelt wird. Dafür werden monatlich mehr als 7.000 Unternehmen befragt. Das Ergebnis stellen Werte für die Beurteilung der Lage und der Erwartung sowie des Mittelwertes der beiden Punkte, ergo das Geschäftsklima dar.

Index

siehe *Börsenindex*

Index-Zertifikat

Anlagezertifikat, dessen Wertentwicklung an die Entwicklung eines Index gekoppelt ist.

Der Vorteil zum Index selbst ist, dass beim Zertifikat nicht alle Einzelwerte selbst gekauft werden müssen. Besser geeignet als ein Index-Zertifikat ist jedoch grundsätzlich ein Index-Fonds (ETF). Bei einem ETF wird das Risiko eines Zahlungsausfalles des Emittenten des Indexzertifikates umgangen, da die Anlagen eines Fonds Sondervermögen darstellen. Siehe dazu auch Kapitel 2 »Fonds – eine Einführung«.

Wichtig ist bei einem indexorientierten Produkt, ob der entsprechende Index ein *Performance-* oder ein *Kursindex* ist. Lediglich bei einem Performanceindex gehen die Dividenden nicht verloren.

Inflation

Als *Inflation* wird im Allgemeinen der Anstieg des Preisniveaus bezeichnet.

Dies hat eine Geldentwertung zur Folge – die Kaufkraft sinkt. Man kann sich von dem gleichen Geld weniger kaufen. Daher fordern Gewerkschaften manchmal auch mit dem Argument ›zum Ausgleich der Inflation‹ mehr Lohn.

Die Inflation wird meist mittels der Verfolgung der Preisentwicklung eines bestimmten Warenkorbs gemessen.

Es gibt unterschiedliche Methoden und Tricks bei der Inflationsmessung, wodurch die Inflation ein Stück weit so gemessen werden kann, dass das Ergebnis den eigenen Wünschen entspricht.

Internetblase

siehe *Dotcom-Blase*

Institutioneller Investor / Anleger

Als *institutionelle Investoren* oder *institutionelle Anleger* werden Marktteilnehmer bezeichnet, die als Institution Gelder verwalten – dabei kann es sich um eigene oder Kundengelder handeln.

Institutionelle Investoren sind zum Beispiel Banken, Versicherungen, Investmentfonds oder auch Bund und Länder.

Wenn beispielsweise ein Bankangestellter in seiner Mittagspause einen Fonds für sein Privatvermögen kauft und kurze Zeit später auf Rechnung der Bank Anleihen handelt, dann ist er im einen Moment Privatanleger und im nächsten institutioneller Investor.

Investmentfonds

siehe Kapitel 2 »Fonds – eine Einführung«

IPO

Ein *Initial Public Offering* ist das erstmalige öffentliche Angebot von Wertpapieren eines Unternehmens in Form eines Börsengangs[1] - siehe *Börsengang*

ISIN

International Securities Identification Number

Die ISIN dient der eindeutigen internationalen Identifizierung von Wertpapieren.

Eine ISIN existiert weltweit nur einmal. Sie wird parallel zur nationalen Kennnummer verwendet.

Die ISIN der Adidas AG lautet DE000**5003404**: Die WKN 500340 steckt hier sozusagen in der ISIN, was allerdings nicht immer der Fall ist.

KAG

Kapitalanlagegesellschaft nennt man die Unternehmen, die Fonds verwalten.

Ursprünglich boten Banken ihren Kunden oft Fonds ihrer eigenen Fondsgesellschaften an. Kunden von Volksbanken erhielten viele Fonds der Union Investment, die zum Großteil der DZ-Bank gehört (die wiederum zum Großteil den Volksbanken und Raiffeisenbanken gehört) und Kunden der Sparkassen hatten auffallend viele Deka-Fonds in Bestand (die DekaBank ist Zentralinstitut und Fondsgesellschaft der Sparkassen). Die Fernsehwerbung für Deka-Fonds ist vielleicht schon länger gut – die Fonds selbst waren es lange Zeit allerdings nicht.

Fondsgesellschaften vertreiben ihre Fonds, indem sie den Großteil der Ausgabeaufschläge für ihre Fonds an die Verkäufer der Fonds – z.B. Banken oder Strukturvertriebe – als Provision ausschütten.

Kassamarkt

Kassageschäfte sind alle Verträge, die spätestens zwei Tage nach Geschäftsabschluss von beiden Vertragsparteien zu erfüllen sind. Gegenstück: *Termingeschäft.*

Im Aktien- oder Anleihenhandel sowie vielen anderen Bereichen ist es üblich, dass das Geschäft erst zwei Tage nach Geschäftsabschluss abgewickelt wird. Es ist jedoch auch möglich, ein Geschäft noch am selben Tag abzuwickeln.

Definitionsgemäß sind alle Geschäfte, die nach Ablauf von zwei Tagen abgewickelt werden, Termingeschäfte. Das wird in der Praxis jedoch nicht immer so streng gesehen. Ein Geschäft, das üblicherweise nach drei Tagen abgewickelt wird, wie dies zum Beispiel beim institutionellen Bondhandel oft der Fall ist, wird deswegen noch lange nicht als Termingeschäft betrachtet.

Allgemein gilt: Wenn Sie beispielsweise an einem Montag Aktien über eine deutsche Börse kaufen, dann werden in den meisten Fällen erst am Mittwoch (ohne Berücksichtigung von Feiertagen) die Buchungen vollzogen. Das heißt erst dann wird Ihnen das Geld für den Kauf abgebucht. Die meisten Banken werden das Geld jedoch bis Mittwoch sperren, wodurch Sie es nicht mehr nutzen können. Die Aktien werden Ihnen selbstverständlich zum gehandelten Kurs von Montag ins Depot gebucht.

KGV

Das *Kurs-Gewinn-Verhältnis* gibt an, in welchem Verhältnis der Gewinn einer AG zur aktuellen Börsenbewertung steht. Üblicherweise wird zur Ermittlung der Kurs durch den Gewinn je Aktie dividiert.[2]

Das KGV stellt seit langer Zeit eine beliebte Kennziffer in der Aktienanalyse dar.

Ein Unternehmen mit einem aktuell niedrigen KGV stellt jedoch nicht automatisch eine Kaufgelegenheit dar, da zum Beispiel aufgrund der Erwartung sinkender Gewinne keine positive Entwicklung des Kurses zu erwarten ist. Umgekehrt ist nicht jede Aktie mit einem hohen KGV zu teuer, da aufgrund der Erwartung hoher Gewinne in den nächsten Jahren auch eine höhere Bewertung gerechtfertigt sein kann.

Ein Unternehmen mit einem aktuellen Kurs von 50€ je Aktie und einem Gewinn von 5€ je Aktie, hat demnach ein KGV von 10, was einen ›üblichen‹ Wert darstellt.

Ein Gewinn von 5€ pro Aktie würde sich beispielsweise durch einen absoluten Gewinn in Höhe 500 Mio. Euro bei 100 Mio. Aktien ergeben.

Man kann stark vereinfacht sagen, dass KGVs von etwa 8-12 recht niedrig/moderat, und KGVs von mehr als 20 recht hoch sind, wobei wie gesagt die Zahl allein nicht für eine Beurteilung ausreicht. Die realistische Perspektive des Unternehmens ist entscheidend.

Kickbacks

Werden Gebühren, die ein Anleger auf Produktebene zahlt, an den Verkäufer des Produktes weitergeleitet, spricht man von *Kickbacks*.

Das Vorgehen ist inzwischen meist bekannt, wurde jedoch lange Zeit verschwiegen.

Die vielleicht bekannteste Form eines Kickbacks findet sich bei der jährlichen Verwaltungsvergütung von Fonds. Jahrelang verschwiegen, sind Fondsgesellschaften inzwischen verpflichtet, solche Kickbacks anzugeben.

Bei der Union Investment heißt es nun zum Beispiel als Anmerkung zur jährlichen Managementfee eines Fonds: »Hiervon erhält Ihre Bank 25 % bis 35 %.« Von der jährlichen Vergütung fließen somit je Prozent verrechneter Gebühr 0,25 % – 0,35 % an die Bank, bei der man den Fonds gekauft bzw. im Depot hat. Banker nennen dies intern liebevoll ›Bestandsprovision‹.

Knock-Out-Produkt

Knock-Outs sind Hebelprodukte, die auf Änderungen des Basiswerts überproportional reagieren, bei Berühren der Knock-Out-Schwelle jedoch wertlos oder vorzeitig zum Restwert verfallen.[1]

Wertpapierevolutionär lösten Knock-Outs bei Privatanlegern und Tradern Optionsscheine in Sachen Beliebtheit irgendwann ab, da sie ohne ernsthafte Berücksichtigung der Volatilität auskommen.

Wollte man mit Optionsscheinen auf Kursveränderungen wetten, konnte man nicht vermeiden, ungewollt immer auch auf die Volatilität zu setzen. Es war möglich, dass man mit der Einschätzung der Kursentwicklung richtiglag, jedoch nichts oder nicht viel davon hatte, da der Preis des Optionsscheins sich aufgrund der ›falschen‹ Volatilitätsentwicklung nicht wie gewollt veränderte.

Kursindex

Ein *Kursindex* ist eine bestimmte Form eines Aktienindex. Der Kursindex (auch Preisindex) wird ausschließlich aufgrund der Aktienkurse ermittelt.

Dies bedeutet, dass bei einem Kursindex nach einer gezahlten Dividende eines Unternehmens der Indexstand (andere Faktoren unberücksichtigt) fällt. Ein Performanceindex berücksichtigt im Gegensatz dazu ebenfalls die Dividenden und behandelt sie als reinvestiert.

Beispiel: Wenn eine Aktie bei einem Preis von 45€ eine Dividende in Höhe von 2€ ausschüttet, dann behandelt dies der Kursindex im Grunde so, als sei die Aktie eben einfach um 2€ im Kurs gefallen ist.

Manche Zertifikate versprechen beispielsweise »100 % vom *x*-Index«. Hierbei muss man als Anleger immer prüfen, ob dies ein Kurs- oder Performanceindex ist, da dies einen großen Unterschied darstellt.

Zahlen bspw. die AGs eines Index durchschnittlich drei Prozent Dividendenrendite, so notiert der Kursindex bei einer Wertentwicklung (ohne Dividende) von 10 % eben bei diesen 10 %, während der Performanceindex 13 % ausweist.

10. Transaktionskosten

Klingt wirklich zum Einschlafen interessant dieses Kapitel – aber es musste einfach sein. Immer wieder wird in der Finanzliteratur von Transaktionskosten gesprochen. Gefühlt *nie* wird erwähnt, welche Arten von Transaktionskosten es im Zusammenhang mit dem Handel von Wertpapieren eigentlich genau gibt. Vielleicht ist es daher sogar eine kleine Premiere, es in dieser Klarheit zu sagen – es gibt fünf Arten von Transaktionskosten:

a) möglich: - Kosten für den Vertrieb im Zusammenhang des Wertpapierkaufs
    - Provision für die Entscheidung ein Wertpapier zu kaufen/zu ver-
    kaufen
b) meistens: - Brokerkosten
c) meistens: - Börsenkosten
d) meistens: - Geld-Brief-Spread
e) möglich: - Market Impact

a) Ausgabeaufschläge (kurz AA) bspw. stellen eine indirekte Form von Vertriebskosten beim Wertpapierkauf dar. Meist fallen sie beim Erwerb von Fonds, teilweise aber auch bei Zertifikaten an. Der Anleger bezahlt sie, während der Vermittler des Produkts beziehungsweise sein Arbeitgeber zumeist den Großteil des Ausgabeaufschlages als Vertriebsprovision ausbezahlt bekommt.
Dabei sind Ausgabeaufschläge grundsätzlich immer bekannt. Als Kunde weiß man, dass ein Produkt beispielsweise 5 % AA kostet. Es ist dabei prinzipiell möglich, den AA mit dem Berater/Vermittler zu verhandeln. Des Weiteren fallen zum Beispiel bei Zertifikaten, aber nicht bei Fonds, versteckte ›Ausgabe*ab*schläge‹ an.
Beispiel: Ein Zertifikat wird zu 100 % plus 2 % AA emittiert und darüber hinaus erhält der Vertrieb des Zertifikats noch eine Innenprovision von beispielsweise 2 %. Eine solche Innenprovision wird geheim gehalten und ist meist nur wenigen bekannt. Es gab inzwischen einige Gerichtsverfahren, in denen Kunden aufgrund der Tatsache, dass ihnen solche Innenprovisionen verschwiegen wurden, Schadensersatz zugesprochen wurde. Sollte Ihr Bankberater Ihnen gegenüber beteuern, dass er nichts von Innenprovisionen wisse, kann dies durchaus

der Wahrheit entsprechen – auch so mancher Bankberater weiß tatsächlich nichts davon.

Auch möglich ist es eine Provision für einen Vermögensverwalter zu zahlen, wenn dieser Kapital bewegt. Eine solche Aktivitätsprämie kann Bestandteil eines Vertrages mit einem Vermögensverwalter sein, ist jedoch aus Anlegersicht nicht sinnvoll.

b) Wer Ihre Depotbank ist, ist grundsätzlich auch Ihr Broker. Das kann die Hausbank genauso wie ein Online-Broker sein. Beim Handel von Wertpapieren fallen grundsätzlich Broker-Gebühren an – man könnte sagen für das zur Verfügung stellen des für den Wertpapierhandel nötigen Service. Ein Broker leitet beispielsweise einen Börsenauftrag an die Börse weiter. Dabei gibt es für den Broker kaum ein Risiko – aus diesem Grund schießen auch immer wieder neue Broker aus dem Boden, die mit noch günstigeren Konditionen Kunden anwerben wollen. Die Kosten, die der Broker in Rechnung stellt, sind dabei grundsätzlich getrennt von den Börsengebühren auf der Wertpapier-Abrechnung aufgeführt und auch von diesen unabhängig.

Je nach Volumen Ihres Auftrags können die Gebühren unterschiedlich hoch ausfallen. Wer öfter als ein paar Mal im Jahr handelt, sollte bei der Wahl seines Brokers auf jeden Fall die Preise für Transaktionen beachten – es gibt recht große Unterschiede.

c) Courtage, Spesen, Provisionen – wie auch immer man die Gebühren der Börse nennt, sie fallen zusätzlich zu den Brokergebühren an. So ist es wie gesagt auch einer Wertpapier-Abrechnung zu entnehmen. Neben den Brokergebühren werden auch die Börsengebühren, beispielsweise ›Courtage‹ und ›Börsenspesen‹ genannt, aufgeführt. Von Börse zu Börse können dabei unterschiedlich hohe Gebühren anfallen. Die Unterschiede halten sich jedoch in Grenzen.

Handelt man nicht über die Börse, sondern außerbörslich, fallen dementsprechend selbstverständlich keine Börsengebühren an. Wenn die Wertpapierpreise vergleichbar sind, können Sie durch OTC-Handel also Kosten sparen, da dann nur Brokergebühren zu bezahlen sind. Dies ist zum Beispiel beim Handel von

Zertifikaten und Optionsscheinen in vielen Fällen möglich – bei anderen Wertpapieren eher nicht. Mehr dazu finden Sie im Kapitel 8 »So funktioniert das Ordern von Wertpapieren«.

d) Der beste (günstigste) Kurs zu dem man kaufen kann, ist grundsätzlich immer ein wenig höher als der beste (teuerste) Kurs, zu dem man verkaufen kann.

Da ungeachtet des Kauf- und Verkaufszeitpunkts eine Geld-Brief-Spanne – auch (Geld-Brief-)Spread genannt – anfällt, addiert jeder kluge Investor den Spread zu den Transaktionskosten.

Der Geld-Brief-Spread kann sehr unterschiedlich ausfallen. Bei Dax-Aktien ist er meist recht gering, bei weniger liquiden Wertpapieren kann er auch deutlich höher ausfallen. Bei einem Dax-Wert wie Allianz wäre ein Kurs von bspw. 151,20€ Geld zu 151,25€ Brief absolut normal, was einem Spread von 0,03 % entspricht. Bei einem *TecDax*-Wert wie Xing könnte der Kurs bei 164,10€ zu 164,70€ stehen, was einen Spread von 0,4 % ergibt.

e) Dieser Kostenpunkt fällt bei den meisten Privatanlegern nicht an. Den Begriff zu kennen und zu verstehen ist jedoch durchaus hilfreich, um das ein oder andere Geschehen an der Börse nachvollziehen zu können.

Nehmen wir als vereinfachendes Beispiel an:

Geld- und Briefkurse eines Wertpapiers stellen sich wie folgt durch abgegebene Limitorders von verschiedenen Käufern und Verkäufern dar:

75 Stk. zu   63,88€ von Käufer 1

150 Stk. zu   63,86€ von Käufer 2

200 Stk. zu   63,85€ von Käufer 3

100 Stk. zu   63,84€ von Käufer 4 usw.

100 Stk. zu   63,90€ von Verkäufer 1

250 Stk. zu   63,91€ von Verkäufer 2

50 Stk. zu   63,93€ von Verkäufer 3

125 Stk. zu   63,94€ von Verkäufer 4 usw.

Möchte ein Käufer nun zum Beispiel 1000 Stück handeln, ›frisst‹ er die Verkäufer sozusagen auf. Nach dem Verkäufer zu 63,90€, kann der nächste Verkäufer zu 63,91€ seine Aktien loswerden. Von den 1000 Stück, die der Käufer haben möchte, sind nun 350 Stück erworben. Kommen keine neuen Verkäufer mit neuen Orders hinzu, geht es mit immer mit dem nächstteureren weiter – wobei natürlich immer neue Marktteilnehmer dazu stoßen können, die Einfluss auf die Entwicklung nehmen. Was meistens auch passiert. Das Gleiche funktioniert natürlich auch umgekehrt.

Grundsätzlich lässt sich also sagen: Handelt man größere Volumen als bei einem Wertpapier gerade verarbeitet werden können, wird somit der Markt in die ›andere‹ Richtung bewegt. Ein Käufer, der ›zu viel‹ kauft, lässt den Kurs steigen, ein Verkäufer der ›zu viel‹ verkauft, beeinflusst die Kurse nach unten.

Insbesondere große institutionelle Investoren können durch den Market Impact in Schwierigkeiten geraten. *Beispiel:* Ein Investmentfonds verfügt durch erfolgreiches Investieren und Mittelzuflüsse von Neuinvestoren über mehrere Milliarden an Anlegergeldern. Will er einen Teil seines Portfolios in andere Wertpapiere umschichten, müssen diese ausreichend liquide sein. Ist dies nicht der Fall, sind also zu wenig Verkäufer da, bewegt der Fonds den Markt. Er muss von der Investition absehen oder sie auf mehrere Tage verteilen, zum Beispiel, wenn er vier Millionen Aktien eines Unternehmens kaufen möchte, bei dem normalerweise pro Tag nur zwei Millionen Anteile gehandelt werden. Dies ist ein Grund, warum Fonds, die im Verhältnis zu ihrem Zielmarkt sehr groß sind, als weniger attraktiv angesehen werden. Sie sind beim Umschichten von Anlegergeldern weniger flexibel und können in bestimmte Wertpapiere einfach nicht investieren, da diese zu klein sind. Gleiches gilt beim auch beim Verkauf: Titel aus denen ausgestiegen werden soll, müssten ebenfalls ausreichend liquide sein.

»Das Handeln mancher Aktien ist wie die Weitergabe eines brennenden Streichholzes. Der Letzte verbrennt sich die Finger – und schreit dann natürlich.«

Unbekannt

11. L-O

Large Caps

Sind große börsennotierte Unternehmen. Die Größe wird dabei immer am Börsenwert bemessen.

Gemessen nach ihrer Größe gibt es mehr oder weniger: Large Caps (etwa DAX-Werte), Mid Caps (M-DAX), Small Caps (S-DAX) sowie die noch kleineren Penny Stocks/Micro Caps.

Leerverkauf

Erst verkaufen, dann kaufen. Das geht – indem man sich das Wertpapier von jemandem, der es im Depot hat, ausleiht und dann an der Börse verkauft. Fällt der Kurs anschließend, kann man billiger kaufen als man verkauft hat und fährt einen Gewinn ein. Steigt der Kurs, muss man teurer kaufen als man verkauft hat und verliert Geld. Ungedeckte Leerverkäufe (wenn man sich das verkaufte Wertpapier also nicht geliehen hat) bezeichnet man auch als Naked Short Selling.

Leverage-Effekt

siehe *Hebeleffekt*

Limitorder

Eine *Limitorder* erteilt man, wenn man nicht mehr als x bei einem Kauf zahlen möchte, oder mindestens y bei einem Verkauf erhalten möchte.

Die Erteilung einer Limitorder kann nahe dem aktuellen Kurs erfolgen, wenn man grundsätzlich gleich kaufen oder verkaufen möchte und nur zu verhindern versucht, dass die Order weiter weg vom aktuellen Kurs entfernt ausgeführt wird.

Eine weitere Einsatzmöglichkeit von Limitorders ist die Möglichkeit, seine Gewinne zum einem beliebigen Kurs zu realisieren.

Hat man ein Wertpapier bei 32,12€ gekauft und geht davon aus, dass bei ungefähr 45€ nicht mehr viel Luft nach oben ist, kann man auch eine Limitorder zum Verkauf bei 44,95€ erteilen. In diesem Fall nennt man die Limitorder auch Take-Profit-Order.

Long only   bezeichnet das Investieren einzig auf steigende Kurse setzend.

Der Kauf eines Dax-ETF entspricht somit *Long only*. Das genaue Gegenteil von Long only ist ein Hedgefonds, der sowohl long als auch short geht.

Long sein / Short sein   ›Ich bin long‹ oder ›Ich bin short‹ gehört zur Tradersprache.

Dabei ist jemand ›long‹, wenn er auf steigende Kurse setzt und ›short‹, wenn er auf fallende Kurse setzt.

»Long« und »short« werden in diesem Fall nicht wie in der lehrbuchmäßigen Optionslogik verwendet.

Außerdem spricht man bei der Erwartung steigender Kurse auch von bullish und von bärisch für fallende Kurse, entsprechend den beiden für steigende beziehungsweise fallende Kurse stehenden Figuren Bulle und Bär.

Bezeichnet ein Trader oder Investor jemand anderen als ›Bär‹, bezieht sich das somit auf dessen aktuelle Markteinschätzung und nicht auf dessen Statur oder Erscheinungsbild.

Market Impact   siehe Kapitel 10 »Transaktionskosten«

Markowitz   *Harry Max Markowitz,* - US-amerikan. Ökonom. Sollte man einfach mal gehört haben den Namen. Von ihm stammt die *Portfoliotheorie.*

Markt   »Was macht der *Markt?*« – möglicher Satz zur Begrüßung unter Finanzmarktakteuren.

Mit »Markt« ist entweder der Finanzmarkt im Allgemeinen oder ein spezieller wie der Aktien – oder Devisenmarkt gemeint. Jede Assetklasse stellt im Grunde auch einen eigenen Markt dar.

Oft meint man eher keinen speziellen Markt – die Übersetzung der Frage lautet dann in etwa: ›Gibt es von irgendeinem der Finanzmärkte gerade etwas Spannendes zu berichten? – Wenn, ja erzähl es mir!‹

Marktkapitalisierung

Kennziffer, die den aktuellen Marktwert eines Unternehmens beziffert.

Die Marktkapitalisierung entspricht dem synonym verwendeten Begriff des Börsenwerts.

Sie wird berechnet, indem man die Anzahl der ausgegebenen Aktien mit dem aktuellen Aktienkurs multipliziert. Da sich der Aktienkurs jeden Tag, respektive jede Sekunde ändern kann, ändert sich somit auch fortwährend die Marktkapitalisierung.

In einem Gespräch zwischen Anlegern, bei dem es um das Potenzial einiger noch nicht so bekannter Aktien geht, könnte die Reaktion auf »Schau Dir die Aktie XY mal an«, die Frage sein: »Was haben die für eine Marktkapitalisierung?«. So soll ein Gefühl für die Größe oder den Entwicklungstand des Unternehmens entwickelt werden, da einige Anleger zum Beispiel das Prinzip verfolgen, nur in Unternehmen ab einer bestimmten Größe zu investieren.

BMW verfügte im Mai 2016 über 656.804.000 ausgegebene Aktien, multipliziert mit dem Kurs von rund 72€ ergibt das einen Börsenwert von etwa 47 Mrd. Euro.

Wenn Sie beispielsweise unter onvista.de oben rechts im Suchfeld die WKN von BMW eingeben (519000) und dann auf die Aktie klicken, können Sie etwas unterhalb des Charts unter dem Punkt »Kennzahlen« die Anzahl der ausgegebenen Aktien und die aktuelle Marktkapitalisierung nachlesen.

Marktorder	Als *Market* oder *Marktorder* wird eine Wertpapierorder bezeichnet, bei der man einfach zum nächstbesten Kurs kauft oder verkauft. Kauft man, nennt man die Marktorder ›billigst‹, bei einem Verkauf ›bestens‹. Diese beiden Begriffe finden sich auch oft bei Brokern, wenn man online eine Order eingibt. Man unterscheidet grundsätzlich zwischen Markt- und Limitorder. Mehr dazu im Kapitel 8 »So ordert man Wertpapiere«.
Mid Cap	*Mid Caps* sind mittelgroße börsennotierte Unternehmen. - siehe *Large Caps*
Mischfonds	*Mischfonds* legen das Geld der Anleger in mehrere Anlageklassen an – in der Regel in Aktien und Anleihen sowie Geldmarkt. Es gibt Mischfonds, die eine feste Aufteilung besitzen (etwa 50 % Aktien, 50 % Anleihen) und Mischfonds, die je nach Markteinschätzung die Quoten verändern, um an positiven Entwicklungen teilhaben bzw. die Auswirkungen negativer Entwicklungen abfedern zu können. Bekannte Mischfonds sind zum Beispiel *UniRak* (WKN: 849104), *Ethna-AKTIV* E (764930) sowie *Carmignac Patrimoine* (A0DPW0).

Naked Short Selling   nennt man einen ungedeckten Leerverkauf.

- siehe *Leerverkauf*

Nominal   Wird meist bei Anleihen verwendet und bezieht sich auf den Rückzahlungswert am Laufzeitende.

Der *Nominalwert* wird zum Beispiel bei Wertpapierorders angegeben. Wer 4.000€ nominal zum Kurs von 104,50€ kauft, bezahlt 4.180€. Notiert der Kurs unter 100€, bezahlt man einen geringeren Betrag als den Nominalwert. Am Fälligkeitstag ausbezahlt werden in beiden Fällen 4.000€.

Dabei kann im Allgemeinen gesagt werden: Ist die Verzinsung einer Anleihe höher als der aktuelle Marktzins, liegt ihr Kurs über 100€, ist sie geringer, notiert sie unter 100€.

Wenn also eine Anleihe 5 % verspricht und der marktübliche Zinssatz bei 3 % liegt, wird dies durch einen höheren Kurs der Anleihe ausgeglichen, da man andernfalls 2 % ›umsonst‹ bekäme.

Offene Immobilienfonds   investieren unter anderem in Einkaufszentren, Hotels, Bürogebäude oder auch Wohnimmobilien. Der Wertzuwachs von Immobilienfonds speist sich aus den Mieteinnahmen und den Wertsteigerungen der Immobilien.

»Offen« deshalb, da solche Fonds börsen-täglich gekauft und verkauft werden können.

- siehe Kapitel 16 »In was investieren?«

Öpfe

Investorjargon für *öffentliche Pfandbriefe*

Ein öffentlicher Pfandbrief ist eine von einer Pfandbriefbank begebene Anleihe. Hierbei wird nach der Art der Besicherung unterschieden:

- besichert mit Forderungen an die öffentliche Hand: öffentl. Pfandbrief
- besichert mit Forderungen aus Hypotheken: Hypothekenpfandbrief

Mehr dazu unter dem Punkt *Pfandbrief.*

Option

Standardisiertes, an einer Terminbörse gehandeltes Kauf- oder Verkaufsrecht auf einen Basiswert.[1]

Mit Hilfe von Optionen kann man sowohl wetten sowie sich absichern, beispielsweise gegen Kursverluste einer Aktie, die man im Depot hat.

Eine Absicherung könnte dadurch erfolgen, dass Put-Optionen auf die Aktie erworben werden, die sich im Depot befindet. Damit erhält man das Recht, im Falle fallender Kurse seine Aktien zu einem vorher festgelegt Preis an den Verkäufer der Option, auch Stillhalter genannt, zu verkaufen.

Beispiel: Wurden Aktien zum Kurs von 48€ gekauft und sie notieren aktuell bei 52€, könnten Put-Optionen gekauft werden, bei denen man seine Aktien zum Kurs von beispielsweise 46€ verkaufen kann (51€, 42€ oder was auch immer geht ebenso). Je höher der Preis, zu dem man die Aktien verkaufen kann, desto teurer ist dabei die Option. Fallen die Aktien dann unter 46€, sei es auf 45€ oder 17€, kann man sie zu 46€ an den Verkäufer der Option abstoßen. Dafür zahlt man am Anfang eine Prämie – den Kaufpreis für die Option.

Diese Prämie kann man auch als Versicherungsprämie ansehen, denn sie geht verloren, wenn die Aktie oberhalb von 46€ notiert und der Verkauf zu 46€ somit keinen Sinn ergibt.

Es gibt zudem viele Möglichkeiten mit Optionen Wetten einzugehen. Es kann von steigenden oder fallenden Kursen, von stagnierenden Kursen oder auch von einem Anstieg oder Rückgang der Volatilität profitiert werden. Der Phantasie sind fast keine Grenzen gesetzt.

Optionen werden grundsätzlich an einer Terminbörse gehandelt. Sie sind somit für Privatanleger an ›normalen‹ Wertpapierbörsen nicht handelbar. Wohl aber als Optionsscheine.

Optionsscheine   sind verbriefte, sprich als Wertpapier gestaltete Optionen.

Man kann als Optionsscheinkäufer das Recht erwerben, zu kaufen (Call) oder zu verkaufen (Put). Grundsätzlich gibt es vier Optionspositionen:

1. *das Recht zu kaufen (Long Call)*
2. *die Pflicht, zu verkaufen (Short Call)*
3. *das Recht zu verkaufen (Long Put)*
4. *die Pflicht zu kaufen (Short Put)*

Der Käufer eines Calls (Long Call) erwirbt diesen immer vom Call-Verkäufer (Short-Call-Position). Der Käufer eines Puts (Long Put) erwirbt diesen immer vom Put-Verkäufer (Short-Put-Position).

Bei Optionsscheinen ist der Anleger grundsätzlich in der Long-Position. Short-Call oder Short-Put sind immer diejenigen Banken, die als Emittenten die Optionsscheine anbieten.

Meist werden die ›Scheine‹ von Privatanlegern für Wetten auf steigende oder fallende Kurse verwendet. Es besteht dann die Absicht, die Papiere nur über einen begrenzten Zeitraum wie etwa wenige Tage zu halten und anschließend mit Gewinn wieder zu veräußern.

Was allerdings den meisten langfristig nicht gelingt – ein offenes Geheimnis.

Optionsscheine sind für Privatanleger an ›normalen‹ Börsen handelbar und sie haben wie Aktien eine WKN.

Manchmal verlangen die Banken und Broker eine zusätzliche Unterschrift oder Erklärung des Anlegers als Beleg dafür, dass dieser die Risiken verstanden hat. Anschließend kann das große Zocken losgehen. Wobei dieses inzwischen eher über CFDs abläuft.

Order

Auftrag zum Kauf oder Verkauf von Handelsobjekten am Kassa- oder Terminmarkt[1]

Im Normalfall werden die Aufträge heute online über den jeweiligen Broker oder die jeweilige Bank erteilt. Grundsätzlich ist dabei auch heute noch die Ordererteilung so wie früher üblich per Telefon möglich.

- siehe auch Kapitel 8 »So funktioniert das Ordern von Wertpapieren«

OTC

steht für ›over the Counter‹

Ein OTC-Markt ist nicht lokalisiert und hat keine festen Handelszeiten[1]. Er wird etwa bei Zertifikaten und Optionsscheinen angeboten.

Als »OTC« wird der außerbörsliche Handel bezeichnet.

Wenn Sie zum Beispiel ein Zertifikat erwerben möchten, das die Wertentwicklung eines Rohstoffkorbs abbildet, dann kann dies entweder über die Börse erfolgen, oder Sie handeln es direkt mit dem Emittenten des Zertifikats, ergo mit der Bank (über den kleinen Umweg eines Brokers).

Die Preise an der Börse und im OTC-Handel sind dabei meist recht nah beieinander, so dass sich in vielen Fällen der OTC-Handel lohnt, da hier die Ordergebühren geringer sind als im Börsenhandel.

Bei einer Online-Order können Sie unter dem Punkt »Handelsplatz« (oder ähnlich lautend – es ist ja nicht alles bei allen Brokern genau gleich benannt) zwischen einer Börse und dem Handel mit dem Emittenten wählen: Es könnte zum beispielsweise »Stuttgart« und »Commerzbank« als mögliche Alternativen aufgeführt sein (selbstverständlich nur im Falle eines Commerzbankzertifikats).

12. Mit diesen fünf Fragen testen Sie Ihren Anlageberater

Als Laie ist es grundsätzlich schwierig, die fachliche Kompetenz eines Beraters einzuschätzen. Die Erfahrung zeigt, dass viele mäßig kompetente Berater für fachkundig gehalten werden, da sie so selbstbewusst plausiblen Unsinn in die Welt setzen. Auch das will gelernt sein. Kann jedoch nicht mit tatsächlicher Kompetenz gleichgesetzt werden. An dieser Stelle sollen Ihnen ein paar Fragen an die Hand gegeben werden, die Sie beim nächsten Gespräch mit einem Bank- oder Finanzberater einstreuen können, wenn Sie möchten. Erzählen Sie einfach Sie hätten kürzlich irgendwo etwas davon gelesen, wüssten jetzt aber nicht mehr genau, wie das war. Die vorgegebenen Antworten sind für Ihre Orientierung, was als gute Antwort akzeptiert werden könnte. Grundsätzlich sollte ein guter Anlageberater die Antworten auf diese Fragen kennen.

1. Frage: Von wem stammt nochmal die Portfoliotheorie (und was besagt sie)?

Antwort: Sie stammt von Harry M. Markowitz und besagt, dass das Gesamtrisiko eines Portfolios geringer ist als die Summe der Einzelrisiken (›Korrelationsvorteil‹). Siehe auch unter *Portfoliotheorie*. Wirklich jedem, der sich mit Geldanlage länger beschäftigt, ist der Name Markowitz ein Begriff. Sollte Ihr Anlageberater den Namen nicht kennen, haben Sie möglicherweise jemanden vor sich, der sich kürzlich beruflich umorientiert hat und jetzt Finanzverkäufer ist, weil er festgestellt hat, dass er ›gern was mit Menschen macht‹.

2. Frage Was ist der Unterschied zwischen einem Performanceindex und einem Kursindex?

Antwort: Der Performanceindex enthält die Dividenden. Ein Kursindex lässt diese außen vor und weist dadurch am Jahresende immer ein geringeres Ergebnis aus als der Performanceindex. Weist der Performanceindex eine Rendite von zum Beispiel 15 % aus, würde der Kursindex bei einer angenommenen durchschnittlichen Dividendenausschüttung von 2,75 % somit 12,25 % Jahresrendite anzeigen.

Sie können ja ganz unschuldig sagen, Sie hätten gelesen, dass der DAX ein Performanceindex ist und dass es auch Kursindizes gibt – und anschließend fragen was es damit auf sich hat.

3. Wie heißt nochmal das Unternehmen von Warren Buffett?

Antwort: Berkshire Hathaway. Zugegeben – keine Frage, die unmittelbar finanzielles Können abfragt. Jedoch sollte man, wenn man sich ernsthaft mit dem Thema Geldanlage beschäftigt, den Namen Berkshire Hathaway schon mal gehört haben.

Berkshire Hathaway ist das Unternehmen, welches Warren Buffett seit vielen Jahren als Investitionsvehikel nutzt. Buffett erwirbt seit mehreren Jahrzehnten als Großinvestor Aktien. Manche Unternehmen kauft er ganz, an anderen beteiligt er sich als Großaktionär. In der Summe hat Buffett hierbei sehr, sehr erfolgreich investiert und es dadurch zu einem der bekanntesten und reichsten Investoren weltweit gebracht.

4. Frage: Was ist der Unterschied zwischen dem Euro STOXX 50 und dem STOXX 50?

Antwort: Der Euro STOXX 50 enthält nur Werte aus Ländern, die den Euro als Währung haben. Der STOXX enthält auch Nicht-Euro-Titel, zum Beispiel aus Großbritannien und der Schweiz.

5. Was sind Rollverluste bei Rohstoffinvestments?

Eine schon etwas anspruchsvollere Frage – wer die beantworten kann, hat sich schon etwas tiefer mit dem Thema Geldanlage beschäftigt.

Antwort: Den Wechsel von einem Terminkontrakt zum nächsten bezeichnet man als Rollen. Wenn man von der Rohstoffpreisentwicklung profitieren möchte, kann man direkt oder indirekt in Terminkontrakte investieren. Dabei kauft man selbst bzw. jemand anderes, wie der Fondsmanager eines Rohstofffonds, Rohstoffe auf Termin. Wenn dann der Liefertermin naht, muss der aktuelle Kontrakt verkauft und der nächste gekauft werden, weil man sonst irgendwo ein paar Kisten Orangensaft abgestellt bekommt, die zu bezahlen sind (ja, es gibt Termingeschäfte auf Orangensaft). Der Kurs des neuen Kontrakts kann dabei unter dem des alten oder darüber liegen. Ist er darüber, muss mehr für den neuen Kontrakt gezahlt werden, als man beim Verkauf des alten erhalten hat. Dies wird als Rollverlust bezeichnet. Dieser entsteht, ohne dass dies mit einer tatsächlichen Preisänderung in Verbindung steht, allein durch den Wechsel von einem Kontrakt zum nächsten.

Als Bonbon an dieser Stelle noch zwei Fragen zu Versicherungen, um das fachliche Know-how eines Beraters auf diesem Gebiet abklopfen zu können:

Was bedeutet (Forderungs-)Ausfalldeckung in der privaten Haftpflichtversicherung?

Antwort: Die Ausfalldeckung sichert einen Inhaber einer Haftpflichtversicherung ab, falls jemand einem selbst einen Schaden zufügt, der keine Haftpflichtversicherung besitzt und nicht zahlen kann. Dann übernimmt die eigene Haftpflichtversicherung – insofern die Ausfalldeckung mit vereinbart wurde – den Schaden.

Wie heißt die Versicherungsform, bei der man sich gegen bestimmte Krankheiten versichern kann?

Antwort: Dread Disease. Bei einer Dread-Disease-Versicherung erhält der Versicherungsnehmer im Falle des Eintretens eines bestimmten Ereignisses wie einem Schlaganfall oder einer Krebserkrankung eine zuvor festgelegte Summe.

»Wer sich nach den Tipps von Brokern richtet,
kann auch einen Friseur fragen, ob er einen neuen
Haarschnitt empfiehlt.«

Warren Buffett, berühmter amerikanischer Anleger

13. P-R

p.a.

steht entweder für ›*per annum*‹ oder für ›*pro anno*‹, bedeutet in beiden Fällen ›pro Jahr‹. Die Angabe wird zum Beispiel verwendet, um die jährlich anfallenden Kosten eines Fonds anzugeben oder um die Verzinsung einer Anleihe zu beziffern.

Parkettbörse

Als *Parkettbörse* oder einfach nur *Parkett* werden die traditionellen Wertpapierbörsen bezeichnet, an denen früher noch buchstäblich auf dem Parkettboden gehandelt wurde. Das Gegenstück bilden Computerbörsen wie Xetra. Parkettbörsen werden auch als Präsenzbörsen bezeichnet.

Performanceindex

Ein *Performanceindex* behandelt gezahlte Dividenden als wieder reinvestiert.

Dies bedeutet, dass am Jahresende ein Performanceindex grundsätzlich eine höhere Rendite ausweist, als ein Kursindex.

Zahlt ein Unternehmen, das in einem Performanceindex enthalten ist und dessen Aktie bei 20€ steht, eine Dividende in Höhe von einem Euro, dann führt dies trotz des neuen Kurses dieser Aktie von 19€ nicht zu einem Rückgang des Kurses des Performanceindex.

Ein Performanceindex ist somit zum einen etwas besser als ein Kursindex geeignet, um die Entwicklung eines bestimmten

Marktes zu verfolgen und zum anderen das bessere Underlying für ein Zertifikat.

Gegenstück: *Kursindex*

Pfandbrief

Ein *Pfandbrief* ist eine Art Anleihe, für die eine sogenannte Deckungsmasse als Sicherheit für die Rückzahlung der Schulden zur Verfügung steht.

Pfandbriefe sind damit besicherte Wertpapiere und grundsätzlich weniger riskant als unbesicherte Anleihen, bei denen nur ›das Wort‹ des Emittenten für die Rückzahlung steht.

Die zwei wichtigsten Formen von Pfandbriefen sind:

- Hypothekenpfandbriefe: hier dienen Rechte an Grundstücken als Sicherheit
- öffentliche Pfandbriefe: sind mit Forderungen an die öffentliche Hand besichert

Portfoliotheorie

Die 1952 niedergeschriebene und 1990 mit dem Nobelpreis prämierte Theorie beschreibt, wie man durch Diversifikation ›optimal‹ investieren kann.

Ein wesentlicher Bestandteil der Portfoliotheorie ist die Beobachtung, dass das Gesamtrisiko eines Portfolios durch Streuung kleiner ist, als die Summe der einzelnen Risiken aller Wertpapiere dieses Portfolios.

Mischt man beispielsweise einem reinen Aktienportfolio einige Anleihen bei (statt

100 % Aktien etwa 85 % Aktien und 15 %
Anleihen), lässt sich im günstigsten Fall beobachten, dass in Zeiten fallender Aktien,
die Anleihen an Wert gewinnen, wodurch
das Portfolio stabilisiert wird.

Markowitz legte dar, dass sich durch
Streuung das Risiko eines Portfolios reduzieren lässt, ohne dabei auf Rendite verzichten zu müssen.

Die Entwicklung während der heißen
Phase der Finanzkrise zeigte jedoch, dass
die Portfoliotheorie weniger gut funktionierte als zuvor, weil viele Märkte gleichzeitig an Wert verloren – wer seine Risiken verteilt hatte, musste feststellen, dass ihm dies
nicht immer viel Nutzen einbrachte.

Präsenzbörse

siehe *Parkettbörse*

Preisindex

siehe *Kursindex*

Private Equity

Als *Private Equity* (PE) wird eine Investiti-
onsform bezeichnet, bei der abseits der
Börse in Unternehmen investiert wird. PE
ist grundsätzlich recht verwandt mit der Anlage in Aktien, bei der Unternehmen ebenfalls Eigenkapital bereitgestellt wird – mit
dem Unterschied, dass diese an einer Börse
notiert sind.

Die Investition in PE, das als eine eigene
Assetklasse angesehen wird, erfolgt meist
über Private-Equity-Fonds. Diese sammeln

wie Geschlossene Fonds zum Beispiel von institutionellen Investoren oder vermögenden Privatanlegern Geld ein und investieren dieses anschließend in nicht-börsennotierte Unternehmen.

Darüber hinaus unterscheidet sich PE von der Anlage in Aktien dadurch, dass in vielen Fällen zusätzlich zum eigesammelten Kapital Kredite aufgenommen werden, um einen Hebeleffekt zu erzielen.

Put

Verkaufsoption bzw. als Optionsschein verbriefte (für Privatanleger zum Wertpapier gemachte) Option.

Als Käufer dieser Option partizipiert man an fallenden Kursen, entweder zur Spekulation oder als Absicherung gegen negative Kursentwicklungen.

-   siehe auch *Option* und *Optionsschein*

Quanto

wird im Allgemeinen ein währungsgesichertes Finanzprodukt bezeichnet.

Eine Verwendung findet zum Beispiel bei sogenannten ›*Quanto*-Zertifikaten‹ statt. Notiert der Basiswert in US-Dollar und das Zertifikat ist ein Quanto-Zertifikat und notiert in Euro, braucht man sich nicht um die Entwicklung des Wechselkurses kümmern.

Rating

Es gibt auch Fondsratings, die die Managementqualität eines Fonds bewerten, aber meist ist mit dem Begriff die Bonitätseinstufung eines Unternehmens oder einer Unternehmensanleihe gemeint.

Dabei gibt ein *Rating* die Wahrscheinlichkeit an, mit der ein Schuldner (der Emittent eines Wertpapieres) seine Schulden bezahlen kann.

Da die Ratingagentur von dem Unternehmen, das bewertet wird, bezahlt wird, muss hierbei der Interessenskonflikt des bewertenden Unternehmens berücksichtigt werden. Der Vorteil eines Ratings besteht im größeren Investoreninteresse – viele Anleger sind ohne Rating nicht bereit eine Anleihe zu kaufen.

In der Vergangenheit sind hier erhebliche Ungereimtheiten bekannt geworden. Zur Ratingsystematik siehe auch Kapitel 4 »Finanzkrise – eine Erklärung«.

Rendite wird die Verzinsung bzw. der Wertzuwachs von Wertpapieren genannt.

Unterscheidung nach:

Realrendite: *Rendite nach Inflation*

Nominale Rendite: *das, was drauf steht*

Effektive Rendite: *das, was drin ist*

Rendite nach Steuer: *das, was hinten raus kommt*

Zahlt man zum Jahresbeginn zum Beispiel 99 % für eine Anleihe mit einer Verzinsung in Höhe von 3 % und erhält am Jahresende

100 %, beträgt die erzielte Rendite 4 % (vor Gebühren, Steuern und Inflation).

Renten	siehe *Anleihen*

Rentenfonds ist ein Fonds, der die Anlegergelder in Anleihen investiert. Mit *der* Altersrente hat das Ganze nichts zu tun.
- siehe auch Kapitel 2 »Fonds – eine Einführung«

Rentenversicherung Eine *Rentenversicherung* heißt nicht Rentenversicherung, weil sie in Rentenpapiere (Anleihen) investiert, sondern das Ziel hat, dem Besitzer ab einem bestimmten Zeitpunkt eine regelmäßige Rente zu zahlen. Sie kann dafür in Anleihen, aber auch in andere Assetklassen investieren.

Die gesetzliche Rentenversicherung in Deutschland investiert in gar nichts – sie leitet weiter. Wer heute Beiträge einzahlt, finanziert damit im Grunde die Rente der heutigen Rentner und bekommt auf gleichem Wege später einmal seine Rente.

Rohstofffonds *Rohstofffonds* investieren das Anlegergeld tatsächlich in Rohstoffe, zum Beispiel über Terminkontrakte.

Manchmal werden jedoch unpräziserweise auch Aktienfonds, die in Aktien von

Unternehmen aus dem Rohstoffsektor investieren, als Rohstofffonds betitelt.

Rohstoffe

Rohstoffe/Commodities stellen eine eigenständige Anlageklasse wie Aktien oder Anleihen dar.

Dabei lassen sich Rohstoffe, die grundsätzlich an speziellen Börsen gehandelt werden, in folgende Kategorien unterteilen:

- Metalle (Industrie- und Edelmetalle)
- Energierohstoffe (wie Öl, Gas)
- Soft Commodities (wie Kaffee, Weizen, Baumwolle)

Eine gute Übersicht können Sie auf der Seite www.godmode-trader.de/Rohstoffe finden.

Man kann in Rohstoffe auf verschiedene Arten investieren:

1) tatsächlich **in Rohstoffe**, zum Beispiel
- über Fonds, die auch wirklich direkt in Rohstoffkontrakte (Termingeschäfte auf Rohstoffe) investieren
- über Zertifikate, die die Entwicklung eines einzelnen Rohstoffes oder eines Rohstoffkorbes nachbilden

2) in **Rohstoffaktien**:
- in Rohstoffaktienfonds, die in Aktien aus der Rohstoffbranche investieren
- in Rohstoffaktien direkt

Genau falsch wird manchmal die Bezeichnung ›Rohstofffonds‹ verstanden bzw. verwendet. Bisweilen meinen die Verwender dieser Bezeichnung, Banker ebenso wie Privatanleger, in Rohstoffaktien investierende Fonds.

Es handelt sich dabei allerdings nicht um echte Rohstofffonds. Rohstoffaktienfonds hängen sehr stark an der Aktienmarktentwicklung und nicht nur an der Rohstoffpreisentwicklung.

Wer sich gegen den Untergang der Finanzwelt absichern möchte, braucht im Übrigen keine gold- oder silbergelinkten Produkte wie Zertifikate oder Ähnliches. Da muss man sich schon ein paar Edelmetalle oder andere Tauschgüter zu Hause in den Safe legen.

Oder glauben Sie wirklich, dass Ihre Bank am nächsten Tag noch offen ist, wenn der absolute finanzielle Kollaps eintreten sollte?

Eine Anmerkung: Das Investieren in und Spekulieren mit bestimmten Rohstoffen kann die Nahrungsmittelpreise zum Nachteil der ärmeren Bevölkerungsteile der Welt beeinflussen und somit letztendlich sogar Leben kosten. Leider wurde dies auch von vielen großen Banken lange Zeit nicht zugegeben.

14. Börsensprüche, mehr und weniger ernst zu nehmen

Ein paar mehr oder weniger weise Worte:

»Buy when there is blood in the streets.«

Heißt: Kaufe, wenn der Markt im Keller ist und alle anderen die Hose gestrichen voll haben. Denn dann bieten sich vermutlich einige der günstigsten Einstiegsmöglichkeiten.

»Nicht die Nachrichten machen die Kurse, die Kurse machen die Nachrichten.«

Zeugt von tiefen Einsichten in das Börsengeschehen und die Börsenberichterstattung. Ein regelmäßig von journalistischer Seite befragter Investor erklärte einmal: Wenn er nach einem Börsentag einen Anruf von Journalisten erhielt, um die tagesaktuelle Kursentwicklung zu erklären, las er als Begründung für steigende Kurse einfach ein paar gute Nachrichten vor; bei gesunkenen Kursen nahm er eben schlechte. Es gibt schließlich beinahe jeden Tag beide Arten von Nachrichten.

»Sell in May and go away.«

Ursprünglich ging die alte Börsenweisheit noch mit »...stay away till St. Leger's Day« weiter – ein britisches Pferderennen. Da dies inzwischen kaum noch einer kennt, wird der Spruch nun häufig mit »but always remember, come back in September« ergänzt, da das besagte Pferderennen immer im September stattfand. Die Strategie hat in der Vergangenheit in vielen Fällen tatsächlich funktioniert.

»Verliebe Dich nie in eine Aktie. Du musst Dich jederzeit von ihr trennen können.«

Spricht für sich selbst. Sentimentalitäten sind beim Investieren fehl am Platz. Gibt es gute Gründe eine Aktie zu verkaufen, wird sie verkauft. Punkt.

»Greife nie in ein fallendes Messer.«

Heißt: Kaufe nicht in gerade fallende Kurse hinein. Denn die Trendumkehr erfolgt meist nicht so bald wie erhofft. Es ist eine typische Anfängeridee nach einem Kursrücksetzer gleich euphorisch vielversprechende Einstiegsniveaus zu feiern. Besser abwarten und genau hinsehen. Drastische Abstürze haben meist auch drastische Gründe.

»Sell on good news.«

Konsequenz aus »Kaufe das Gerücht, verkaufe die Nachricht«. Ein Vorteil dieses Vorgehens ist, dass man auf genügend Käufer trifft, da bei »Good news« selbstverständlich auch viele Anleger einsteigen wollen. Insbesondere als institutioneller Investor nutzt man diese Strategie, wenn man aus einem Wert aussteigen möchte.

»The trend is your friend.«

Erfahrungsgemäß investiert es sich mit dem Trend erfolgreicher, als gegen ihn. Wobei man den Trend natürlich auch erst mal identifizieren muss.

Besonders Börsenneulinge haben oft erst mal den entgegengesetzten Instinkt: Wenn es eine Weile in eine Richtung ging, muss es doch irgendwann auch mal in die andere Richtung gehen. Möglicherweise recht oft im Leben kann man zwar beobachten, dass Dinge dazu neigen, sich langfristig auszugleichen. Bei der Geldanlage jedoch, ist dies eher umgekehrt. Wenn`s einmal läuft, dann läufts – in welche Richtung auch immer.

»Hin und her macht Taschen leer.«

Soll heißen, dass ständiges Umschichten aufgrund der Transaktionskosten ordentlich Rendite frisst und daher besser unterlassen werden sollte. Aktionisten sind selten erfolgreiche Investoren.

Sprüche zum Börsengeschehen:

»An der Börse hat jeder Mal Recht.«

»Ob Long oder Short, das Geld ist fort.«

»Ob Geld oder Brief, wir liegen schief.«

»Mal verliert man, mal gewinnen die anderen.«
Kein reiner Börsenspruch – passt nur so gut zur Börse.

»Mit Speck fängt man Mäuse, mit Versprechungen Aktionäre.«

»Die meisten langfristigen Engagements sind missglückte kurzfristige Engagements. Die Depots sind voll davon.«

Eine eher falsche Börsenweisheit:

»Das Geld ist nicht weg, es gehört nur jemand anderem.«

Wird gerne verwendet, wenn jemand durch fallende Aktienkurse Geld verloren hat. Stimmt in dem Fall jedoch nicht. Das Geld ist grundsätzlich tatsächlich weg bei fallenden Börsenkursen. Gerade war ein Unternehmen noch 50 Mrd. Euro wert, jetzt nach gefallenen Kursen nur noch 40 Mrd. – die 10 Mrd. Euro sind dann tatsächlich mehr oder weniger vernichtet worden.

15. S-T

Schatz/Schätze

werden festverzinsliche Schatzanweisungen der Bundesrepublik Deutschland im Börsenjargon genannt. Es handelt sich dabei um Anleihen mit bestimmten Ausstattungskennzeichen.

Shareholder Value

Bezeichnet im allgemeinen Sprachgebrauch das Konzept, dass die Entscheidungen eines Unternehmens auf die Steigerung des Nutzens der Anteilseigner, bei börsennotierten AGs also die Erhöhung des Aktienkurses, ausgerichtet sind.

Eher als Gegenstück, denn als Erweiterung kann man den Stakeholder-Ansatz bezeichnen. Stakeholder sind dabei alle, für die bei einer Sache etwas auf dem Spiel steht. Im Falle eines Unternehmens sind dies außer den Eigentümern (Aktionären) zum Beispiel die Mitarbeiter, die Kunden, die Lieferanten oder die Gesellschaft.

Sharpe Ratio

Kennzahl zur Messung des Rendite-Risiko-Verhältnisses von Kapitalanlagen[1]

Die Sharpe-Ratio misst die Mehrrendite eines Fonds über eine sichere Anlage unter Berücksichtigung des eingegangenen Risikos.

Bei einer Kennzahl zwischen null und eins, erzielt der Fonds eine Mehrrendite im Vergleich zur risikolosen Anlage; ist die

Kennzahl größer als eins, ›lohnt‹ sich das Risiko. Liegt die Sharpe Ratio unter null, war die Rendite geringer als die der risikolosen Anlage. Wie weit unter null, ist aufgrund der Berechnung der Kennzahl nicht aussagekräftig.

Entgegen der unter einigen Anlegern verbreiteten Annahme kann man mit Hilfe der Sharpe Ratio Fonds unterschiedlicher Anlageschwerpunkte schlecht vergleichen. Denn die unterschiedlichen Anlagesegmente können schon per se eine bessere oder schlechtere Sharpe Ratio bewirken, wodurch Unterschiede in der Kennzahl nicht einfach dem Fondsmanagement zuzurechnen sind.

Small Cap

Small Caps sind eher kleine börsennotierte Unternehmen.

Es gibt dabei keine allgemein anerkannte Definition, welche Größe Small Caps haben. Der Begriff kann zum Beispiel zur Beschreibung des Anlageuniversums eines europäischen Aktienfonds verwendet werden: »Wir investieren in Small und Mid Caps«.

Sondervermögen

siehe Kapitel 2 »Fonds – eine Einführung«

Spezialfonds

sind auf keinen Fall Fonds, die etwas Spezielles machen!

Nach Art der Anteilseigner von Fonds unterscheidet man grundsätzlich zwischen Publikumsfonds und *Spezialfonds*. In Publikumsfonds können Privatanleger und institutionelle Investoren investieren, in Spezialfonds grundsätzlich nur institutionelle Anleger.

Man sollte einfach mal davon gehört haben, um nicht fälschlicherweise einen Investmentfonds, der eine ungewöhnliche Strategie anwendet, mit »ich hab da so einen Spezialfonds« zu beschreiben. Solche Fonds werden dann eher Strategie- oder Spezialitätenfonds genannt.

Alle bekannten Fonds, die in privaten Depots zu finden sind, lassen sich somit Publikumsfonds zuordnen.

Spread

Mit *Spread* ist häufig die Geld-Brief-Spanne gemeint.

Insider-Wissen für Sie: Unter institutionellen Investoren ist damit auch oft der Swap-Spread gemeint. Dieser zeigt die Differenz einer Anleiherendite gegenüber dem Swap-Satz (einem risikoarmen Vergleichszinssatz) an und dient der Vergleichbarkeit der Rendite von Anleihen.

Stammaktie

Aktie, die dem Aktionär die üblichen Rechte laut Aktiengesetz gewährt[1] – wie

etwa das Stimmrecht auf der Hauptversammlung oder das Recht auf Zahlung einer Dividende.

Gegenstück: *Vorzugsaktie*

Stop-Loss

Ein *Stop-Loss* ist eine spezielle Order, mit
der man festlegt, bei welchem Kurs man
im Falle gegen sich laufender Märkte aussteigen möchte.

Kauft man eine Aktie zum Kurs von
31,45€, wäre es nicht unüblich sich direkt
nach dem Kauf zu entscheiden, wann man
im Falle sinkender Kurse aussteigen
möchte.

Man gibt hierfür eine Verkaufsorder
mit dem Zusatz »Stop« oder »Stop-Loss«
und einem unter dem aktuellen Marktkurs
liegenden Kurs ein, um seine Verluste zu
begrenzen. Zum Beispiel wenn man der
Ansicht ist, dass die Aktie, wenn sie einmal
bis zu einem gewissen Punkt sinkt, weiter
fällt und es daher keinen Sinn macht sie zu
halten.

Beispielsweise wäre es möglich, nach
einem Kauf bei 31,45€ einen Stop bei
29,75€ »in den Markt zu legen«. Erreicht o-
der unterschreitet der Kurs den Preis von
29,75€ zu irgendeinem Zeitpunkt und sei
es nur für eine Sekunde, wird die Order zu
einer unlimitierten Verkaufsorder, die
zum nächsten Marktkurs ausgeführt wird.

Nicht empfehlenswert ist ein soge-
nanntes Stop-Loss-Limit: Hier wird bei

Erreichen des Stop-Loss-Kurses die Order zu einer limitierten Verkaufsorder. Fällt der Kurs gleich weiter, bleiben Sie auf Ihrem Titel sitzen, da die Limitorder nicht mehr zur Ausführung kommt, solange der Kurs nicht noch einmal das Stop-Loss-Niveau erreicht – was durchaus passieren kann.

STOXX 50

Der *STOXX 50* oder auch *STOXX Europe 50* ist ein Aktienindex, der die 50 größten Unternehmen aus Europa enthält.

Im Gegensatz zum Euro STOXX 50 enthält er auch Titel aus Ländern außerhalb der Eurozone, zum Beispiel Vodafone aus Großbritannien oder Nestlé aus der Schweiz.

Wenn die Rede vom »Euro STOXX 50« oder »STOXX 50« ist, dann ist meist der Kursindex gemeint, obwohl beide Indizes auch als Performanceindex berechnet werden. Der DAX hingegen ist ein Performanceindex, wenngleich er auch als Kursindex berechnet wird.

Strategiefonds

Macht ein Fonds etwas Unübliches, kann er als *Strategiefonds* bezeichnet werden. Genauer geht es kaum – eine einheitliche Definition existiert nicht.

Eine Strategie, die einen Fonds zu einem Strategiefonds macht, wird zum Beispiel ›Protective Put‹ genannt. Dabei investiert das Fondsmanagement neben den eigentlichen Wertpapieren in Optionen, die Verluste im Falle sinkender Kurse ausgleichen sollen.

- siehe auch Kapitel 2 »Fonds – eine Einführung«

Streubesitz

auch Free Float genannt. *Streubesitz* bezeichnet die frei handelbaren Aktien eines Unternehmens beziehungsweise die Aktien eines Unternehmens, die im Besitz vieler Aktionäre sind.

Der Anteil der Aktien, der von Großinvestoren langfristig strategisch gehalten wird und dem Aktienhandel somit nicht zur Verfügung steht, zählt nicht zum Streubesitz.

Beispiele:

Lufthansa verfügte im Mai 2016 über einen Streubesitz von rund 87 %.

Der Free Float der Deutschen Telekom betrug circa 63 %. Rund 32 % hielt die Bundesrepublik Deutschland direkt und über eine staatliche Bank. Der Fondsgesellschaft BlackRock gehörten ca. 5 % der Aktien.

MAN (bekannt durch Nutzfahrzeuge) gehörte zu rund 75 % der im Dax notierten Volkswagen AG (über die VW-Tochter Truck & Bus GmbH). Der Streubesitz betrug 25 %. MAN gehörte bis September 2012 zum Dax, durch den gesunkenen Streubesitz inzwischen aber nicht mehr.

Strukturiertes Produkt

Im allgemeinen Sprachgebrauch der Anleger bezeichnet ein *strukturiertes Produkt* ein Finanzprodukt, das aus einer Kombination von mehreren Basisprodukten entsteht. Hierbei wird meist impliziert, dass ein Bestandteil ein Derivat ist.

Beispiel: Bonus-, Discountzertifikat

Statt mit »diesem ganzen Zeug« kann man nun seinen Bankberater auch genauer zurechtweisen: »Mit strukturierten Produkten brauchen Sie mir gar nicht erst zu kommen.«

Als Kunde einer Bank erkennt man ein strukturiertes Produkt daran, dass man kaum mehr erkennt, wo und wie viel die Bank jetzt daran verdient. Als Bankberater erkennt man strukturierte Produkte daran, dass der Kunde irgendwann während der Laufzeit anruft und fragt, wieso der Kurs sich jetzt anders entwickelt hat, als gedacht.

Wobei damit nicht zum Ausdruck gebracht werden sollte, dass solche Produkte grundsätzlich alle schlecht sind.

Strukturvertriebe

sind Vertriebsorganisationen, die Finanzprodukte auf Provisionsbasis vertreiben.

Sie sind meist so organisiert, dass bei einem Verkauf eines Produkts mehrere Personen ihrer jeweiligen Hierarchiestufe entsprechend einen festgelegten Teil der Provision erhalten. So kann eine Führungsperson auch ohne direkt selbst zu verkaufen, Geld verdienen – indem sie erfolgreiche Verkäufer ›unter sich‹ hat. Verkäufer von Strukturvertrieben werden grundsätzlich zu 100 % erfolgsabhängig bezahlt. Verkaufen sie keine Produkte, die Provisionen enthalten, verdienen sie nichts.

Dies führt in den meisten Fällen dazu, dass die empfohlenen Produkte in großem Umfang nach der enthaltenen Vertriebsprovision ausgesucht werden. Das Produkt an sich muss deswegen noch nicht grundsätzlich schlecht sein. Es kann aber sehr wohl auch überteuert oder verlustbringend sein. In der Vergangenheit haben Kunden teils erhebliche finanzielle Einbußen durch die in manchen Fällen vorsätzlich schlechte Beratung in Kauf nehmen müssen. Mit dem dadurch verdienten Geld kann man sich anschließend durch soziales Engagement durchaus das Große Verdienstkreuz mit Stern erarbeiten (Reinfried Pohl) oder nach Förderung einer Professur einen Ehrendoktor einer Universität verdienen (Carsten Maschmeyer).

Beispiele für deutsche Strukturvertriebe im Finanzbereich sind AWD, Deutsche Vermögensberatung AG und MLP.

Superfonds

Superfonds können sowohl in Fonds als auch in Einzeltitel und Derivate investieren.

Damit unterscheiden sie sich von Dachfonds, die grundsätzlich nur in andere Fonds investieren können. Sie sind damit flexibler und freier in ihrer Verwaltung des Vermögens. Der Begriff Superfonds wird im Allgemeinen wenig verwendet.

Tagesgeldkonto

ist ein verzinstes Konto, über dessen Guthaben der Kontoinhaber täglich verfügen kann.

Ein *Tagesgeldkonto* ist im Gegensatz zum Girokonto/Kontokorrentkonto nicht für den Zahlungsverkehr, also das Tätigen von Überweisungen u.a. bestimmt. Es dient nur der Geldanlage.

*Tages*geldkonto, da über das Guthaben grundsätzlich täglich verfügt werden kann. Wer möchte, kann jeden Tag sein komplettes Geld auf sein Girokonto übertragen und damit machen, was er will. Dies geht zum Beispiel bei einem Sparbuch nicht ohne einen Teil der Zinsen zu verlieren.

- siehe *Festgeld*

TecDax

Der *TecDax* fasst die 30 größten deutschen Technologie-Werte zusammen.

Die Philosophie der *technischen Analyse* besagt, dass auf Basis der historischen Betrachtung von Kursen, Wertpapierumsätzen und bestimmten mathematischen Berechnungen von Kursen, Aussagen über die mögliche zukünftige Entwicklung von Wertpapieren bzw. Wertpapiermärkten getroffen werden können.

Gegenstück: *Fundamentalanalyse*

Sowohl die technische Analyse wie auch die Fundamentalanalyse können für ganze Wertpapiermärkte als auch Einzelwerte eingesetzt werden.

Die technische Analyse lässt sich in zwei Felder gliedern:

1) Die Chartanalyse betrachtet Kursverläufe und leitet daraus Szenarien für die mögliche zukünftige Entwicklung ab – es entscheidet sozusagen die Optik. Ist eine Aktie in der Vergangenheit mehrmals an der Marke von 42€ gescheitert und anschließend wieder gefallen, wird ein Charttechniker beim nächsten Anlauf die 42€-Grenze als ›charttechnischen Widerstand‹ berücksichtigen. Darüber hinaus gibt es noch viele weitere Muster, die vom ungeschulten Auge nicht mehr auf den ersten Blick erkannt werden können.

2) Die Indikatorenanalyse ist mehr mathematisch als optisch ausgerichtet. Es werden   beispielsweise   verschiedene

Durchschnitte der Tagesschlusskurse eines Wertpapieres berechnet, um eine Aussage über den Trend des Wertpapiers treffen zu können.

Es gibt dabei sowohl in der Chart- als auch in der Indikatorenanalyse verschiedene Instrumente, die entweder Trends bestätigen (das Analyseergebnis könnte heißen: »Die Aufwärtsbewegung macht nur eine Pause, danach geht´s wohl weiter«) oder eine Trendumkehr anzeigen.

Dabei sind viele Philosophien möglich:

- Fundamentalanalytiker, die gar nichts von technischer Analyse halten
- Fundamentalanalytiker, die auch mal Charttechnik berücksichtigen
- Charttechniker, die weder Fundamentalanalyse noch Indikatorenanalyse betreiben usw.

TER

steht für *Total Expense Ratio*, auch Gesamtkostenquote

Die TER beinhaltet die Kosten für Verwaltung und Management eines Fonds. Sie wird in Prozent im Verhältnis zum Fondsvermögen angegeben.

Die Arbeit des Fondsmanagements, sowie beispielsweise die Kosten für Rechenschaftsberichte (eine Art Bilanz für Fonds), die Depotführung (auch ein

Fonds braucht ein Depot) und die Wirtschaftsprüfung werden bei der Berechnung der TER berücksichtigt.

Hingegen *nicht* in die TER fließen ein:

- der Ausgabeaufschlag
- erfolgsabhängige Gebühren (Performance Fees)

Da die nicht in die TER einfließenden Kosten teilweise sogar größer sein können, als die einfließenden, steht die TER als zu wenig aussagekräftig in der Kritik.

Die TER ist jedoch immerhin aussagekräftiger, weil umfangreicher, als die reine Angabe der Managementgebühr (Verwaltungsvergütung).

Termingeschäft

Bei einem *Termingeschäft* liegen Bezahlung und Lieferung in der Zukunft.

Gegenstück: *Kassageschäft*. Bei diesem liegen Bezahlung und Lieferung eng beieinander, meist zwischen einem bis drei Tage.

Man unterscheidet bei Termingeschäften allgemein zwischen Optionen (bedingte Termingeschäfte – kommen nicht zwangsläufig zustande) und Futures (unbedingte Termingeschäfte – müssen erfüllt werden, wenn man den Kontrakt am Fälligkeitstag im Bestand hat).

Thesaurierung

Verbleib von Gewinnen in einem Unternehmen oder einem Portfolio.

Meist wird der Begriff in Zusammenhang mit Investmentfonds benutzt. Legt ein Fondsmanager erhaltene Zinsen und Dividenden wieder an, wird von thesaurierten Erträgen gesprochen.

Gegenstück: Ausschüttung. Hierbei werden die Gewinne üblicherweise einmal jährlich an den Anleger ausgeschüttet.

Top Down

bezeichnet das Anlegen nach dem Grundsatz erst die vielversprechendsten Regionen und Branchen auszuwählen, um anschließend die konkreten Einzeltitel zu identifizieren.

Gegenstück: *Bottom Up*

Total Return

siehe *Absolute Return*

Tracking Error

Der *Tracking Error* (TE) misst die Abweichung der Wertentwicklung eines Portfolios und seiner Benchmark und wird in Prozent gemessen. Er ist somit ein Indikator dafür, wie stark das Investieren des Fondsmanagements von der Benchmark abweicht.

ETFs haben daher einen TE nahe null, was gewünscht ist. Bei aktiven Fonds hingegen bedeutet ein niedriger Wert ›Index Hugging‹: Der Fondsmanager darf oder will keine größeren Abweichungen von der Benchmark riskieren und kann somit auch nicht viel Outperformance erreichen.

Trading

Trading bezeichnet den Handel von Wertpapieren mit dem Ziel, kurzfristige Kursschwankungen auszunutzen.

Wie kurzfristig ist kurzfristig? Beim Day-Trading sind grundsätzlich alle Positionen, die der Daytrader im Laufe eines Tages eingeht, zum Abend wieder geschlossen. Eine Position wird also oft nur einige Minuten oder gar nur wenige Sekunden lang gehalten.

Man kann seine Position ebenso einige Tage, Wochen oder Monate halten – hierbei gehen dann allerdings irgendwann die Meinungen vermutlich auseinander, ab wann es sich nicht mehr um Trading handelt.

Im Gegensatz zum Investor ist dem Trader die langfristige Entwicklung recht egal. Er kann bei einem langfristigen Aufwärtstrend auch vorübergehend auf fallende Kurse setzen und umgekehrt.

Der Anteil derer, die als Trader mittel- bis langfristig Erfolg haben, ist äußerst gering. Aber hören Sie sich mal in Ihrem Bekanntenkreis um: Wie der Zufall es so will, wird der Anteil der Erfolgreichen beeindruckend hoch sein.

»Für Börsenspekulanten ist der Februar einer der gefährlichsten Monate. Die anderen sind Januar, März, April, Mai, Juni und Juli bis Dezember.«

Mark Twain

16. In was investieren?

An dieser Stelle konkrete Produkte mit Name und WKN zu empfehlen wäre unseriös. Denn die Frage ist nicht nur was man kauft – für den langfristigen Erfolg ist ebenso entscheidend, wann und wie man wieder aussteigt.

Wer sein Geld vielleicht bald wieder benötigt, sollte nicht in Geldanlagen mit Aktienanteil oder anderen risikobehafteten Assets investieren. Hier sind Tagesgeldkonten bis maximal kurzlaufende (also über eine kurze Restlaufzeit verfügende bzw. in kurzlaufende Anleihen investierende) Renten(fonds) oft die bessere Alternative. Fonds sollten dabei ohne Ausgabeaufschlag erworben werden können. Ein Investment in reine Aktienprodukte sollten Sie notfalls 15 bis 20 Jahre halten können, wenn Sie einen Buy-and-Hold-Ansatz verfolgen. Defensive Fonds und Absolute-Return-Produkte können unter Berücksichtigung der Tatsache, dass die Kaufkosten wie bspw. Ausgabeaufschläge erwirtschaftet werden müssen, mit einem kürzeren Zeithorizont erworben werden. Je geringer der Aktienanteil, desto kürzer die mögliche notwendige Haltedauer im Worst Case. Ein wirklich nur ganz kleiner Hinweis für die notwendige Haltedauer bei bspw. verlustbegrenzend investierenden Fonds ist der historische maximale Verlust – der selbstverständlich nur aussagekräftig ist, wenn die Historie vor dem letzten Bärenmarkt beginnt. Wobei es natürlich auch sein kann, dass der Verlust beim nächsten Mal doppelt so lange andauert und doppelt so hoch ausfällt.

Im Folgenden die wichtigsten Fragen zur Klärung für ein längerfristiges Investment:

Selbst managen oder verwalten lassen?

Es stellt sich zunächst die Frage, wie viel man selbst machen möchte. Traut man es sich zu, die Wertpapiere selbst auszuwählen oder begibt man sich auf die Suche nach einem fremden Verwalter, zum Beispiel in Form eines Investmentfonds? Auch wenn man nicht jedes Detail wissen muss, um sich um seine Geldanlagen selbst zu kümmern – die grundsätzlichen Zusammenhänge sollte man doch verstanden haben. Entgegen der von manchen ›Experten‹ mit einer locker-leichten Handbewegung in den Raum geworfenen Behauptung, die wichtigen Dinge seien eigentlich ganz einfach, ist es gerade das Schwierigste, die entscheidenden Zusammenhänge und Funktionsweisen der Finanzmärkte verstanden zu haben. Das kommt denen nur so vor, da sie es nach 25 Jahren Forschung und Erfahrung glauben herausgefunden zu haben und es sich nun total logisch anhört – ein in der Psychologie bekannter Denkfehler. Davon abgesehen lassen sich Bücher auch leichter verkaufen mit dem Versprechen, dass man seinem Wunsch seine Finanzen selbst erfolgreich managen zu können durch die Lektüre einen großen Schritt näher kommt. Man muss die Dinge aber auch wirklich verstanden und nicht nur von einem der es weiß, gehört haben. Denn um langfristig erfolgreich zu sein, ist es notwendig eine Strategie auch in schwierigen Jahren durchziehen zu können. Dafür muss man von der eigenen Strategie absolut überzeugt sein. Um dahin zu gelangen, ist mehrere Jahre intensives Beschäftigen mit den Finanzmärkten kaum zu umgehen. Da dies kaum einem normal berufstätigen Menschen möglich sein wird oder sein muss (es gibt ja auch noch Kindererziehung oder ganz und gar hedonistische Motive für die Freizeitgestaltung), ist eher davon abzuraten, seine Finanzanlagen wirklich vollkommen selbstständig zu verwalten. Das hält allerdings trotzdem nicht jeden davon ab.

Von den Bankempfehlungen und der Performance von aktiven Fonds enttäuscht, übernehmen manche Anleger auch ohne tiefergehende Kenntnisse selbst die Verwaltung ihrer Geldanlagen. Anschließend hört man nur Erfolgsgeschichten. Die sind auch ganz einfach zu erklären. Der Erfolg von Fonds lässt sich zumindest in vielen Fällen relativ leicht durch den Vergleich mit ihrer Benchmark oder anderen Fonds messen. Wenn Anleger jedoch beginnen, ihre Finanzen selbst zu verwalten, gibt es keine einfach anwendbare Benchmark – sie können sich also selbst aussuchen, woran sie ihren Erfolg messen. Da ist es nur allzu menschlich, sich gern in einem positiven Licht sehen zu wollen und nicht übermäßig streng bei der Beurteilung des Ergebnisses sein zu wollen (die Stichworte ›selbstwertdienliche Verzerrung‹ und ›selektive Wahrnehmung‹ dürfen an dieser Stelle gegoogelt werden). Sie brauchen also nicht allzu neidisch auf die ganze Zufriedenheit der Selbstmanager sein. Deren (zufriedenheitstechnischer) Vorteil liegt oft nur darin, dass sie es nicht so recht merken, wenn sie sich selbst etwas vormachen. Sie brauchen sie also auch nicht auf ihre verzerrte Wahrnehmung ansprechen – sie werden meist glaubhaft und im Grunde wahrheitsgemäß von nichts wissen. Sich selbst die Wahrheit zu sagen, ist der wichtigste Schritt zur Weiterentwicklung.

Was auch nicht funktioniert?

…ist das Vertrauen auf die Empfehlung eines üblichen Finanz›beraters‹. Immer dann, wenn die Vergütung des Beraters – wie bei den meisten Banken und Finanzberatern der Fall – vom Verkauf abhängt, besteht leider ein recht großer Interessenskonflikt. Es kann dann vorkommen, dass solche Berater Ihnen auch gern mal zum Kauf eines Geschlossenen Fonds oder eines anderen für den Berater attraktiven Produktes raten, selbst wenn für Sie etwas anderes besser geeignet wäre. Ein Festgeld wirft in der Regel weniger Gewinn für die Bank ab und wird daher dem Berater auch schlechter vergütet: Die Banken sind recht gut darin, ihr Interesse zum Interesse des Kundenberaters zu machen. Nur deckt sich dessen Interesse nicht unbedingt mit dem des Kunden.

Was bleibt noch übrig?

Honorarberatung und gute offene Fonds. Bei der Honorarberatung bezahlt man den Berater direkt und nicht indirekt über den Kauf eines Produktes. Damit besteht kein Interessenskonflikt zwischen Kunde und Berater. Die Beratung kann die gesamte Bandbreite von Versicherungsfragen über Finanzierungen bis hin zu Investmentthemen betreffen.

Fonds betreffen nur die Geldanlage und sind grundsätzlich eine gute Wahl für das Investieren von Geldvermögen. Die erste Frage, die sich Anleger heute bei Fonds stellen, lautet: aktiv oder passiv?

Aktiv oder passiv?

Wenn in Fonds, dann in aktive oder passive (ETFs)? Das ist in der Finanzbranche seit einiger Zeit so etwas wie Frage Coca-Cola oder Pepsi, Demokraten oder Republikaner, Chihuahua oder einen richtigen Hund – beide Seiten sind sehr von ihren Argumenten überzeugt und fühlen sich dem jeweils anderen überlegen. Doch die meisten sehen nicht so richtig durch.

Ganz allgemein kann man sagen: In etablierten und regional eng begrenzten Märkten kann man auf passive Fonds setzen. In aufstrebenden und weniger ausgereiften Märkten oder sobald mehrere Assetklassen mit einbezogen werden sollen, haben gute aktive Manager Vorteile. Für deutsche oder europäische Standardwerte brauchen Sie also nicht unbedingt einen Fondsmanager zu bezahlen – hier können Sie ETFs kaufen. Für einige asiatische Märkte dagegen kann es durchaus Sinn machen, einen aktiven Fonds zu wählen – einen Fonds also, der durch Einzeltitelauswahl versucht die Benchmark zu schlagen.

Das Wichtigste vergessen jedoch die meisten bei der ganzen aktiv-passiv-Diskussion. Wenn Sie einen klar abgegrenzten Raum, wie zum Beispiel Aktien Deutschland auswählen, haben Sie bereits eine unheimlich wichtige Entscheidung selbst getroffen: Die der Asset Allocation. Mindestens so wichtig wie die Frage, kaufe ich nun einen aktiven oder einen passiven deutschen oder europäischen Aktienfonds, ist die Entscheidung:

- Aktien, ja oder nein? Wenn ja, wie viel Prozent des Portfolios, welche Region, welche Strategie

- Renten ja oder nein? Wenn ja wie viel, welche Region, welche Strategie usw.

Wer sich also nur fünf Minuten mit der Frage der Asset Allocation beschäftigt, um sich anschließend ausgiebig über den konkreten Fonds den Kopf zu zerbrechen, macht einen Fehler.

Eines muss Ihnen bei Kauf von Fonds klar sein. Sie treffen immer selbst einen wichtigen Teil der Investmententscheidung. Denn schließlich sind Sie es, der den Fonds auswählt. Je festgelegter die Assetklasse, je eingegrenzter die Region und je unflexibler die Philosophie des Fonds, desto mehr Entscheidungen haben Sie bereits getroffen, und desto weniger trägt der konkrete Fonds zu Ihrem langfristigen Anlageerfolg bei. Entscheiden Sie sich zum Beispiel dafür, Ihr Geld gänzlich in ETFs anzulegen und bestimmen auch die Assetklasse sowie die regionale Aufteilung (z.B. 10 % Aktien-ETF Europa., 10 % Aktien-ETF USA, 10 % Renten-ETF Dtl. usw.), dann verwalten Sie im Grunde Ihr Geld selbst. Immerhin haben Sie in diesem angenommenen Fall Ihr Vermögen gestreut, wenn Sie ETFs auf die gängigen Marktindizes wählen – also für Europa zum Beispiel einen Euro-STOXX-50-ETF. Das ist vernünftig. Denn für jeden, der nicht zu den Top-Anlegern auf der Welt zählt, gilt beim Anlegen nämlich das gleiche Credo wie bei Glatteis: Streuen, streuen, streuen – in diesem Fall kein Salz, sondern das Risiko. Faustformel: Wenn Ihre wöchentliche Einkaufsliste länger ist, als die der Einzeltitel in Ihrem Portfolio oder die Einzeltitel in Ihren ETFs, ist das Risiko auf die Nase zu fallen recht groß. Nur als absoluter Top-Investor kann man es sich erlauben, die Diversifikation zu verringern – Warren Buffett ist ein Beispiel für Anlageerfolg bei teilweise geringer Diversifikation.

Für den Fall, dass Ihre Antwort auf die Frage aktiv oder passiv eindeutig Letzteres lauten soll, müssen Sie sich im Klaren darüber sein, dass Sie Ihr Geld voll und ganz selbst verwalten. Historisch gesehen hätte man mit einem Investment in einen Dax- oder Euro-Stoxx-50-ETF eine gute Performance erzielt und wäre damit besser gewesen als so mancher aktive Manager. Dies rechnen einem Experten auch immer wieder gerne vor. Das ist jedoch nur die halbe Wahrheit. Erstens ist es nicht klug, einfach von der Vergangenheit auf die Zukunft zu schließen. Zweitens fällt es vielen Menschen schlicht schwer, die teils recht hohen emotionalen Kosten auf sich zu nehmen, die es mit sich bringt, ein Aktieninvestment auch in herben Verlustjahren weiter zu halten. Es ist hübsch anzusehen, wenn sich ein Investment nach 20 Jahren verfünffacht hat. Wenn jedoch auch Jahre mit 30 % oder 40 % minus dabei waren, fühlen sich viele Menschen zwischendurch nicht nur ein bisschen unwohl. Neben dem Können, die Asset Allocation und die Strategie (wählen Sie ETFs lautet die Strategie meist Long-Only) auszuwählen, benötigen Sie für einen rein passiven Ansatz also auch die Fähigkeit, deutliche Verlustjahre emotional gut wegzustecken.

Aktive Fonds machen umso mehr Sinn, je breiter der Markt, je größer die Region und je freier das Management bei der Einzeltitelselektion ist und je mehr Assetklassen in dem Fonds vereint sind. Möglich und sinnvoll ist es außerdem, aktive und passive Fonds zu kombinieren und für sein Portfolio beides zu verwenden. Davon abgesehen ist es eine gute Idee, seinem Assetmanager die Möglichkeit einzuräumen, verschiedene Assetklassen und Strategien nutzen zu können, um Risiken zu streuen und Verluste zu begrenzen. Wie das geht? Zum Beispiel mit vermögensverwaltenden Fonds.

Vermögensverwaltende Fonds

Vermögensverwaltende Fonds sind wie der Name bereits erahnen lässt, eine Art Vermögensverwaltung im Fondsmantel. Für eine individuelle Vermögensverwaltung benötigt man etwa eine halbe bis eine Million Euro, bevor man die bei einem spezialisierten Vermögensverwalter an der Wand hängenden Kunstwerke mit seiner Vergütung mitbezahlen darf.

Vermögensverwaltende Fonds streben grundsätzlich eine Verlustbegrenzung in schlechten Börsenjahren an. Hier sollten Sie sich jedoch nicht dazu verleiten lassen, Fonds zu wählen, die einen Verlust am Jahresende völlig ausschließen wollen. Es ist besser, wenn ein Fonds gewisse Verluste in Kauf nimmt – er kann so mehr Chancen wahrnehmen und muss nicht gleich bei jedem Schnupfen der Finanzmärkte die risiko- und gleichzeitig tendenziell chancenreichen Investments verkaufen. Im Allgemeinen bedeutet eine Verlustbegrenzung nämlich auch eine Chancenbegrenzung. Schließt der Fonds jeden Verlust zum Jahresende aus, ist extrem defensives Investieren unausweichlich. Bei leichten Kursrückgängen muss dann sofort in risikoarme Assetklassen umgeschichtet werden, damit am Jahresende die Null steht. Das Fondsmanagement achtet dann immer darauf, dass nur so viel Verlust unterjährig gemacht werden kann, wie sich mit einer risikoarmen Tages- oder Festgeldanlage beziehungsweise mit einem Geldmarktfonds für den Rest des Kalenderjahres erzielen lässt. Ist der relevante Zinssatz vier Prozent, darf der Fonds nach drei Monaten höchstens drei Prozent Verlust aufweisen. Wäre dies der Fall, würde das Fondsmanagement für den Rest des Jahres zu vier Prozent p.a. anlegen, für die restlichen neun Monate dann noch drei Prozent absolut erhalten und am Ende damit die Verlustvermeidung erreichen. Mehr ist dann nicht mehr drin. Aber der Fonds könnte doch mit Aktien den Verlust vielleicht viel schneller wettmachen? Ja, aber könnte zählt nicht, wenn der Fonds anstrebt, keinerlei Verluste zu erzielen – denn ob Aktien steigen, weiß man nie mit Sicherheit.

Daher sollte man, insofern man sein Vermögen nicht nur erhalten, sondern vermehren möchte, auch Verluste zulassen können. Es ist ein intelligenter Weg, sein Portfolio mit mehreren Fonds auszustatten, die wachstumsorientiert investieren und versuchen Verluste in Bärenmärkten mindestens durch Diversifikation über mehrere Assetklassen zu begrenzen. Anzumerken ist an dieser Stelle aber auch, dass es noch nicht sehr viele ausgewiesene vermögenverwaltende Fonds gibt und somit auch die Anzahl der wirklich erfolgreichen vermögensverwaltenden Fonds noch recht begrenzt ist. Meist findet sich auf Webseiten leider bisher keine eigene Kategorie – Sie müssen die vermögensverwaltenden Fonds unter gängigen Kategorien wie Misch-, Dach-, oder auch Strategiefonds herausfiltern.

Offene Immobilienfonds – ja oder nein?

- Eher Jein.

Soll man nun oder soll man nicht in offene Immobilienfonds investieren? Schwierige Frage. Bei einem Investor eines Immobilienfonds sind die Risiken zumindest

170

stärker verteilt als bei einem Eigenheimbesitzer, der ja meist nur über eine einzige Immobilie verfügt. Allerdings muss man als Fondsinvestor damit rechnen, vielleicht viele Monate lang nicht an sein Geld kommen. Der Hausbesitzer kann zwar oft auch nicht so eben sein Haus verkaufen, aber meist will er das ja auch nicht.

Ist das nicht ungeheuerlich, wenn man nicht an sein Geld kommt? Zumindest nicht so sehr, wie man im ersten Moment denkt.

Da offene Immobilienfonds der Versuch sind, eine illiquide Assetklasse liquide zu machen, muss man mit Schwierigkeiten rechnen. Sie können zwar als Anleger täglich aussteigen, aber der Fondsmanager wird seine Schwierigkeiten haben, eine Immobilie mal eben heut oder morgen zu einem angemessenen Preis zu veräußern. Wenn er sie nicht verkaufen kann, hat die Fondsgesellschaft nachdem die Barbestände (die meist recht üppig sind, keine Angst) aufgebraucht wurden allerdings irgendwann kein Geld mehr, um aussteigenden Anlegern ihr Geld auszubezahlen. Wenn also die Zahl der Rückgabeanträge bedrohlich steigt, wird die Fondsgesellschaft immer Folgendes tun: Den Fonds schließen. Nichts geht mehr, nicht rein und nicht raus. Wenn man zu einem Zeitpunkt aussteigen möchte, an dem nur wenige aussteigen, wird es demnach kaum ein Problem geben. Wenn jedoch viele Anleger aussteigen wollen, haben alle ein Problem. Offene Immobilienfonds sind ein Extrembeispiel dafür, dass Liquidität immer genau dann fehlt, wenn sie am meisten gebraucht wird.

Dies ist jedoch bei praktisch jeder Assetklasse der Fall: Vermögenswerte sind immer dann nicht besonders flüssig, wenn man die Liquidität am dringendsten braucht. Da geht es der Liquidität nicht viel anders als einem Feuerzeug oder dem Toilettenpapier. Ein großes ›Geheimnis‹ der Investmentbranche! So geheim, dass es selbst Vielen innerhalb der Branche nicht so richtig bekannt ist (bzw. Viele es nicht so ganz verstanden haben).

Grundsätzlich gilt aber: Man kann durchaus damit leben, dass man nicht immer an sein gesamtes Geld jeden Tag herankommt. Schließlich bedeutet dies nicht, dass es weg ist.

Garantiefonds – ja oder nein?

- Eher nein.

Um es ganz deutlich sagen: Sie haben bei einem Garantiefonds nie so hohe Renditechancen wie bei einem Fonds ohne Garantie. Vielleicht mag ein unerfahrener

Laie denken, ein Fonds mit Garantie ist doch auf jeden Fall besser als ein Fonds ohne Garantie – doch das ist zu kurz gedacht. Dass die Fondsgesellschaft Ihnen verspricht, zum Laufzeitende keinen Verlust auszuweisen, ist nicht einfach eine nette Geste. Es hat zur Konsequenz, dass nur begrenzt in chancenreiche Investments investiert werden kann.

Die Vorgehensweise von Garantiefonds ist dabei in den meisten Fällen die gleiche: Es werden Rentenpapiere gekauft, die zu Beginn der Laufzeit des Fonds deutlich weniger als 100 % des Fondsvermögens ausmachen. Dies wird so kalkuliert, dass die Zinsen und/oder die Kurszuwächse dieser Anleihen bis zum Ende der Laufzeit des Fonds genügend Rendite abwerfen, um den Kunden die Rückzahlung der 100 % gewährleisten zu können. Mit dem Teil des Geldes, der zu Beginn der Laufzeit nicht in Anleihen steckt, kann (abzüglich von Gebühren) chancenreich investiert werden. Dieses ›Restgeld‹ macht jedoch in Abhängigkeit der Laufzeit des Fonds und des Zinsniveaus einen zumeist kleinen Teil des Fondsvermögens aus und ermöglicht somit nur eine begrenzte Partizipation an den Kurszuwächsen chancenreicher Investments.

Garantiefonds sind jedoch auch nicht so sinnlos, wie dies manche Experten behaupten. Nur sind sie natürlich auch nicht so vorteilhaft, wie die Verkäufer der Produkte glaubhaft machen wollen. Schafft man es mit Garantiefonds etwas mehr Rendite als mit Zinsanlagen zu erzielen, kann dies durchaus als Erfolg betrachtet werden. Es kommt nur auf eine realistische Erwartungshaltung an.

Da die Historie jedoch zeigt, dass die meisten Garantiefonds eher Sparbuchrenditen oder noch geringere Zuwächse erzielen, ist grundsätzlich nur selten und in für Laien schwer identifizierbaren Fällen zum Kauf solcher Produkte zu raten.

Geschlossene Fonds – ja oder nein?

- Eher nein.

Geschlossene Fonds sind, Achtung!, eigentlich gar keine Fonds. Die Bezeichnung ist nur richtig gutes Marketing. Hut ab! Wenn man die Produkte als das bezeichnet hätte, was sie sind – stille Beteiligungen mit fondsähnlichem Charakter – wären die Verkaufszahlen möglicherweise nicht einmal halb so hoch.

Die Erträge Geschlossener Fonds sind nämlich nicht wie die von Fonds als Einkünfte aus Kapitalvermögen zu versteuern. Daran kann man erkennen (was für ein Fuchs muss man da sein), dass auch der Gesetzgeber der Ansicht ist, dass die Bezeichnung ›Fonds‹ in diesem Fall nicht so richtig passend ist – denn bei der Besteuerung nimmt er es genau.

Da Geschlossene Fonds ihre im Prospekt benannten Ziele ein kleines bisschen öfter als die Branche zugeben mag, ein kleines bisschen oder mehr als nur ein bisschen verfehlen, haben Geschlossene Fonds bisher nicht so richtig den Durchbruch bei der breiten Anlegermasse geschafft. Das Fondsprospekt wird von der Aufsichtsbehörde übrigens nicht auf Wahrheitsgehalt überprüft. Die Aufsicht prüft nur, ob die Form eingehalten wurde.

In Vergangenheit sind Geschlossene Fonds zusätzlich in Kritik geraten, da über den Ausgabeaufschlag hinausgehende ›innere‹ Gebühren dem Anleger verschwiegen wurden.

Dachfonds – ja oder nein?

- Eher ja.

Es gibt durchaus berechtigte Kritik an Dachfonds. Meist besteht sie darin, die doppelte Kostenbelastung zu bemängeln (da auf Zielfondsebene ja nochmals Kosten anfallen). Dieses Argument ist in manchen Fällen durchaus zutreffend. Die etwas weniger mitdenkenden unter den kritisierenden ›Experten‹ bemängeln die doppelte Kostenbelastung im Hinblick auf einen Vergleich mit Nichtdachfonds einer einzelnen Assetklasse. Sie argumentieren außerdem, dass es keinen Sinn macht einen Dachfonds zu kaufen, weil die besten der Einzelfonds immer eine bessere Rendite abwerfen werden als ein Dachfonds. Das ist auch logisch. Da Dachfonds noch einmal den Grad der Diversifikation erhöhen, werden diese im Vergleich mit den besten Einzelfonds kaum siegen können, da sie immer eine Mischrendite mehrerer Fonds darstellen. Dabei wird jedoch außer Acht gelassen, dass Dachfonds ohnehin keinen Sinn machen, wenn nur eine Assetklasse mit ihnen abgedeckt wird. Für die Investition in Standardaktien Europa oder Deutschland braucht man keinen Dachfonds. Hier ist ihr Einsatz definitiv fehl am Platz.

Dachfonds können allerdings Sinn machen, wenn sie einen Multi-Asset-Ansatz verfolgen, mindestens europaweit oder besser noch weltweit investieren und Sie dem Dachfondsmanager einen gewissen Freiraum beim Auswählen der Zielfonds lassen. Wer sich einen Dachfonds kauft, sollte also darauf achten, dass dieser in mehr als nur eine Assetklasse investieren kann, um damit in negativen Börsenjahren Verluste begrenzen zu können. In diesem Fall ist die Gebühr für den Dachfonds mit der Gebühr für einen Vermögensverwalter zu vergleichen. Zu beachten ist dabei, dass es besser ist, grundsätzlich längerfristig in verschiedene Assetklassen zu investieren, die auch teils gegenläufige Tendenzen haben können bzw. sogar haben sollten: Zum Beispiel Aktien und Gold oder hochgeratete Anleihen. Nur selten zu empfehlen wäre das Investment in einen Fonds, der außer Aktien oder einer anderen risikobehafteten Assetklasse nur noch Geldmarkt zur Verfügung hat, da die Herausforderung des Umschichtens in Geldmarkt in Bärenphasen und das rechtzeitige wieder Reinvestieren schwierig ist und in der Vergangenheit nicht sehr oft gelang.

Wie findet man gute Fonds?

Entweder man lässt sich beraten – von jemandem der sein Geld für die Beratung und nicht für den Verkauf erhält – oder man macht sich selbst auf die Suche nach guten Fonds. Im Grunde müsste man dafür auch das Fondsmanagement interviewen, um Know-how und Anlagephilosophie zu erkunden. Da dies nicht möglich ist, muss man sich ausschließlich auf Fondsprospekt und sichtbare Ergebnisse verlassen. Wichtig ist es dabei, nicht nur auf die Performance, sondern auch auf das Risiko zu achten. Möchte man diese Arbeit andere erledigen lassen, kann man sich auf Rankings wie beispielsweise Lipper Leaders oder das Morningstar Rating verlassen. Während Ersteres auch die Kosten berücksichtigt, heißt Letzteres zwar Rating, ist aber quantitativ und damit ein Ranking. Ein echtes qualitatives Rating stellt das Sauren Fondsmanager-Rating dar. Welche Ratings und Rankings zu einem Fonds existieren, kann man zum Beispiel auf onvista.de auf der Seite des jeweiligen Fonds oder unter fondsweb.de unter dem Punkt »Bewertungen« sehen. Wobei durch die Art der Einsegmentierung nicht jeder gute Fonds ein gutes Ranking besitzt und nicht jeder Fonds mit gutem Ranking wirklich so gut ist, wie es scheint.

Da die Kosten bei einem Fonds mit einem niedrigen Volumen stärker zuschlagen, sollten Fonds erst ab einem Fondsvolumen von etwa 30-50 Mio. Euro erworben werden.

Auf der anderen Seite ist es für aktive Fonds mit einem erhöhten Volumen deutlich schwerer, erfolgreich zu investieren, da eine zu schnelle Umschichtung den Markt bewegen kann (siehe Market Impact, Kapitel 10) und es kaum möglich ist, in vielversprechende kleine Unternehmen zu investieren. Da der konkrete Betrag, der als problematisch erhöht betrachtet werden muss, je nach Fondsart und Markt(-größe) unterschiedlich hoch ausfällt, kann hierzu leider keine genauere Angabe gemacht werden.

Es gibt zwar auch gute junge Fonds, doch für viele Privatanleger ist es sinnvoller, auf Fonds zu bauen, die bereits über einen längeren Zeitraum ihr Können unter Beweis gestellt haben. Viele Ratings und Rankings berücksichtigen dies und geben Fonds erst ab einer bestimmten Historie eine Bewertung. Insbesondere bei vermögensverwaltenden Fonds kann es von Vorteil sein, wenn der Fonds vor dem letzten größeren Bärenmarkt aufgelegt wurde. So können Sie die Fähigkeit des Fondsmanagements im Hinblick auf den Kapitalerhalt ein bisschen besser beurteilen.

Zertifikate – ja oder nein?

- Eher Jein.

Erörtert werden sollen hier hauptsächlich Anlage- und nicht Hebelzertifikate.

Nicht wenige erfahrene und erfolgreiche Anleger verzichten größtenteils oder ganz auf den Einsatz von Zertifikaten, was zeigt, dass ihre Verwendung keinesfalls notwendig ist. Je komplexer die Konstruktion und die Berechnung, desto weniger praktikabel ist oft der Einsatz solcher Produkte. Am ehesten können in bestimmten Marktphasen die einfachen Typen wie Bonus- oder Discountzertifikate mal eine Prüfung wert sein. In vielen Fällen ist die klassische Investition in das Underlying jedoch vielversprechender. Daher ist für wenig erfahrene Anleger vom Einsatz dieser Produkte eher abzuraten.

Für das geschulte Auge können sich jedoch manchmal lohnende Gelegenheiten bieten, zum Beispiel bei Strategiezertifikaten. Ein in der Vergangenheit recht erfolgreiches Strategiezertifikat ist beispielsweise das Merrill Lynch (jetzt Bank of America) Zerti mit der WKN ML0BDM, wobei dies keine Kaufempfehlung darstellen soll. Es basiert auf einem recht einfachen System von Indikatoren und ist entweder voll in den Dax oder komplett in Geldmarkt investiert und konnte so die Baisse 2008 umgehen.

Wenig erfahrene Anleger können Zertifikate auch erst mal einige Zeit in ihrer Wertentwicklung verfolgen, um zu sehen, ob sich das Zertifikat so zum Underlying verhält, wie sie es erwartet haben. Sie müssen ein Zertifikat schließlich nicht wie von der Bank gewünscht zeichnen – oft können Sie es auch später noch über die Börse erwerben.

Eher abzuraten ist von der Investition in neue Ideen, die sich erst beweisen müssen. Auf Backtests (»das Produkt hätte in den letzten 15 Jahren eine Rendite von x Prozent erzielt«) ist kein Verlass. Hier sollten Sie die belegte Praxistauglichkeit abwarten.

Fazit

Um sich für den Fall eines völligen Zusammenbruchs des Systems abzusichern, sind börsengehandelte Produkte nicht empfehlenswert. Hier benötigen Sie etwas, dass Sie als Tauschwert physisch bei sich haben, wie beispielsweise Goldmünzen. Eine normale Geldanlage kann selbstverständlich ebenso in physisch vorhandene Dinge wie Kunst sowie natürlich auch über börsengehandelte Produkte erfolgen.

Es gibt selbstverständlich noch mehr als Fonds, Zertifikate und Tagesgeldkonten. Je spezieller das Produkt, desto mehr Know-how ist jedoch notwendig – und umso eher sollten Sie das Anlegen Profis überlassen.

Ein paar breit diversifizierende und in mehrere Assetklassen investierende Fonds sind jedoch kein schlechter Anfang für ein privates Depot. So können beispielsweise auch Niedrigzinsphasen ausgesessen werden, da ohnehin ein nennenswerter Teil des Portfolios aus Nichtzinsanlagen bestehen sollte. Wer mittels Einzeltitelauswahl und/oder ETFs den Großteil selbst managt, ist damit langfristig in vielen Fällen bei genauer Betrachtung nicht erfolgreicher als ein guter branchen-, länder- und eventuell auch assetklassenübergreifender Fonds, hat allerdings die Möglichkeit dies zu ignorieren und vom Gegenteil überzeugt zu sein, da es für die individuelle Art zu investieren schließlich keine Benchmark gibt und man meist als Privatanleger nicht Volatilität seines Portfolios zur Vergleichbarkeit der eigenen Geldanlage ermittelt oder überhaupt ermitteln kann.

Jeder Anleger sollte sich genau überlegen, welche temporären Verluste er psychisch akzeptieren kann, um dann zu entscheiden, ob er sein Geld mit oder ohne Verlustbegrenzung anlegt – dieser äußerst wichtige Punkt wird oft vergessen, wenn Experten nonchalant 100 % Aktien empfehlen, weil dies historisch die beste Performance nach zehn oder 20 Jahren erbracht hat. Von der Vergangenheit auf die Zukunft zu schließen, ist ein weiterer sehr verbreiteter Denkfehler. Genau genommen impliziert dies, dass sich alles wiederholt und nichts Neues passiert. Ist das klug?

Eine angestrebte Verlustbegrenzung eines Fonds muss nicht unbedingt mit einer fixen Zahl benannt sein. Auch schwammige Formulierungen sind hier erlaubt. Grundsätzlich ist es klug, hier Fonds beziehungsweise Fondsmanager zu wählen, die bereits gezeigt haben, dass sie auch in schwierigen Zeiten erfolgreich investieren können. Eine gute Historie ist jedoch keinesfalls eine Garantie für eine erfolgreiche Zukunft. Es ist nur etwas wahrscheinlicher, dass ein in der Vergangenheit erfolgreiches Fondsmanagement weiterhin erfolgreich ist, als dass ein bisher wenig erfolgreiches Management plötzlich besser wird.

Eine wichtige Anmerkung: Neben Vermögenserhalt oder -aufbau ist auf der anderen Seite die Absicherung genauso wichtig – private Haftpflicht und für berufstätige Nichtmilliardäre eine Berufsunfähigkeitsversicherung sind praktisch ein Muss.

»Ein Analyst ist ein Experte, der morgen wissen
wird, wieso die Dinge, die er gestern prognostiziert
hat, heute nicht eintreffen.«

Unbekannt

17. U-Z

Underlying   siehe *Basiswert*

Umsatz (Börse)   Unter dem *Börsenumsatz* versteht man die
                               Anzahl oder den wertmäßigen Betrag der
                               an einer Börse in einem bestimmten Zeit-
                               raum gehandelten Wertpapiere.

                               Der Umsatz von Aktien wird in An-
                               zahl der gehandelten Aktien unabhängig
                               vom Preis angegeben.

                               Er dient Anlegern unter anderem als
                               Hinweis dafür, wie ernst eine Kursent-
                               wicklung zu nehmen ist. Hierbei gilt die
                               Regel, dass eine Kursentwicklung tenden-
                               ziell nachhaltiger ist, wenn sie von einem
                               Umsatzanstieg begleitet wird. Eine Aktie
                               hat dabei an jeder Börse verschiedene
                               Umsätze. Sie kann an einer einen Umsatz
                               von 2 Millionen haben (2 Mio. Aktien ha-
                               ben den Eigentümer gewechselt) und an
                               einer anderen nur 800. Der Umsatz einer
                               Aktie konzentriert sich dabei meist auf
                               eine Börse. Bei Dax-Aktien ist dies Xetra.

                               Wenn zum Beispiel eine AG im
                               Schnitt drei Millionen Aktien Umsatz pro
                               Tag hat und ein Kursverlust mit einem
                               Umsatz von fünf Millionen gehandelten
                               Aktien einhergeht, dann wird dem mehr
                               Bedeutung beigemessen als bei einem
                               ›dünnen Markt‹ (Börsenslang für umsatz-
                               schwach).

Nachvollziehen können Sie das Volumen zum Beispiel bei vielen Charts oft standardmäßig gleich darunter oder optional auswählbar.

unlimitierter Kauf/Verkauf

Wenn Sie ein Wertpapier über die Börse handeln, haben Sie in vielen Fällen die Möglichkeit, der Börse neben dem grundsätzlichen Kauf- oder Verkaufswunsch eine weitere Anforderung an die Transaktion zu übermitteln. Dabei kommen Sie beispielsweise bei einem Aktienkauf nicht daran vorbei zu entscheiden, ob Sie ganz einfach den nächstbesten Kurs (unlimitiert) nehmen oder maximal einen ganz Bestimmten bezahlen möchten.

Für einen unlimitierten Kauf heißt der Fachbegriff ganz einfach »billigst«, also so billig wie möglich in der Sekunde, in der die Order die Börse erreicht. Ein unlimitierter Verkauf heißt »bestens«.

Valuta

Wertstellung eines Geschäfts.[1]

Es wird zum Beispiel beim Handel von Wertpapieren oder auch beim Geldabheben zwischen Buchung und Valuta unterschieden.

Wenn man an einem Sonnabend Geld abhebt, wird dies zwar erst am Montag gebucht, jedoch Wert/Valuta Samstag. Der Valutatag ist dabei zum Beispiel wenn Zinsen anfallen entscheidend.

Außerdem werden bisweilen Devisen als Valuta bezeichnet. Statt Britisches Pfund könnte es auch »die britische Valuta« heißen.

Vergleichsindex siehe *Benchmark*

Verwaltungsgebühr Die *Verwaltungsgebühr/-vergütung* oder auch Management Fee ist die Gebühr, die bei Fonds für Management und Verwaltung des Fonds berechnet wird.

Die Höhe ist sehr unterschiedlich. ETFs kosten meist deutlich unter 1 %, aktiv gemanagte Fonds in vielen Fällen etwa 1,0 % - 1,75 % im Jahr.

Wobei für Rentenfonds meist eine geringere Vergütung anfällt als für Aktienfonds. Denn die Verwaltung von Rentenfonds ist günstiger. Das ist natürlich Quatsch! Aber Gebühren werden eben auch entsprechend dem erhoben, was sich dem Anleger zumuten bzw. was er über sich ergehen lässt.

Die Verwaltungsgebühr wird dabei laufend im Fondspreis berücksichtigt – man sieht es nur nicht. Grundsätzlich wird täglich ein 1/365 der Gebühr vom Fondsvermögen abgezogen. Wenn ein Fonds eine Monatsrendite von 0 % aufweist, bedeutet dies, in Wirklichkeit war die Rendite leicht positiv, sie ist nur von den Verwaltungsgebühren aufgefressen worden.

Allgemein gilt: Bei Angaben zu Wertentwicklungen von Fonds sind die jährlichen Kosten bereits berücksichtigt. Wenn für einen Fonds mit Kosten von jährlich rund 1,5 % eine Wertentwicklung in Höhe von 12 % ausgewiesen wird, hat der Fondsmanager in Wirklichkeit 13,5 % erwirtschaftet.

Etwas umfangreicher und damit anlegerfreundlicher als die reine Verwaltungsvergütung ist die Gesamtkostenquote (*TER*). Sie ist bei Kostenvergleichen von Fonds der Verwaltungsgebühr vorzuziehen.

Vinkulierte Namensaktie

ist eine Aktie, bei der man nur mit Zustimmung des Unternehmens, an dem man sich beteiligen möchte, Aktionär werden kann.

Als Kleinanleger merkt man jedoch keinen Unterschied beim Kauf, es läuft im Grunde ab wie bei anderen Aktien auch.

Im DAX sind zum Beispiel die Allianz und Lufthansa vinkulierte Namensaktien. Diese Aktienform stellt jedoch eher die Ausnahme dar.

Volatilität

Maß für die Intensität der Schwankungen von Wertpapierkursen oder der Rendite eines Anlageobjektes (um den eigenen Mittelwert).[1]

182

Die ›Vola‹ ist dabei eine Art Risikokennzahl, die nach herrschender Ansicht das Maß an Unsicherheit der Anleger ausdrückt. Je höher die Vola, desto größer die aktuelle Unsicherheit.

Ein gutes Beispiel dafür kann man sehen, wenn man bei Wikipedia VDAX NEW eingibt – der VDAX ist ein Volatilitätsindex des Dax. Dort ist ein Chart zu sehen, der den VDAX-NEW zusammen mit dem Dax abbildet. Man kann erkennen, dass in Zeiten fallender Kurse die Vola erkennbar ansteigt, wenngleich in diesem Fall die implizite, sprich erwartete Volatilität gemessen wird und nicht die historische.

Die Volatilität notiert in Prozent und entspricht mathematisch gesehen der Standardabweichung.

Vorstand ist ein Begriff für die Geschäftsführung eines Unternehmens.

Vorstände vertreten ein Unternehmen und leiten die Geschäfte. Dabei können sie bspw. von Aufsichtsräten oder anderen Organen kontrolliert werden.

Sie sind nicht automatisch auch am Unternehmens beteiligt. Bei börsennotieren AGs ist es jedoch zumindest üblich, dass sich Vorstandsmitglieder in vielen Fällen auch am Unternehmen beteiligen. Dies soll die Motivation erhöhen und eine

Identifikation mit dem Unternehmen zeigen.

Vorzugsaktien	sind Aktien, die im Gegensatz zu Stammaktien grundsätzlich nicht stimmberechtigt bei der Hauptversammlung sind. Dafür sind sie jedoch mit bestimmten Vorzügen, in vielen Fällen zum Beispiel mit einer höheren Dividende, ausgestattet.

Volkswagen zum Beispiel hat sowohl Stamm- (WKN: 766400) als auch Vorzugsaktien (766403).

Bei den im DAX notierten Aktien handelt es sich in den meisten Fällen um Stammaktien.

Währungen	siehe *Devisen*

Wandelanleihe	Eine *Wandelanleihe*, auch Convertible, ist eine Anleihe, die zusätzlich das Recht verbrieft, Aktien zu einem bestimmten Kurs erwerben zu können.

Der Zinssatz einer Wandelanleihe ist dabei geringer als der einer normalen Anleihe. Dafür erhält der Käufer die Möglichkeit, von steigenden Aktienkursen des Unternehmens (das auch die Wandelanleihe emittiert hat) zu profitieren, indem er seine Anleihe gegen Aktien eintauschen kann.

Vereinfachtes Beispiel:
Kurs der Aktien zum Zeitpunkt der Emission der Wandelanleihe: 12€
Laufzeit: 5 Jahre
Wandelkurs: 14€

Ist der Kurs der Aktie nun nach zum Beispiel 4 Jahren bei 18€, kann der Anleihekäufer Aktien zum Kurs von 14€ erwerben und diese sofort am Markt wieder zu 18€ verkaufen, wenn er möchte.

Steigt der Kurs zu wenig oder fällt er, war es ein schlechtes Geschäft für den Käufer der Wandelanleihe, da sein Zinssatz geringer als der einer normalen Anleihe war.

Window Dressing

Unter *Window Dressing* (oder auch Bilanzkosmetik) werden geschäftliche Unternehmensmaßnahmen verstanden, die kurze Zeit vor dem Abschlussstichtag ausschließlich der optischen Gestaltung des Bilanzbilds und nicht der dauerhaften Verbesserung der Bilanzstruktur dienen sollen.

Auch Investmentfonds wenden solche Maßnahmen an. Sie kaufen dazu zu einem bestimmten Stichtag, an dem Anleger den ›Inhalt‹ des Fonds sehen können, die erfolgreichsten Wertpapiere, um den Eindruck zu erwecken, sie hätten diese schon länger in Bestand.

WKN

Wertpapierkennnummer

Die WKN ist ein sechsstelliger Code und wird in Deutschland zur eindeutigen Identifizierung eines Wertpapiers verwendet.

Das ist vor allem dann von Bedeutung, wenn es von einem Unternehmen mehrere ähnliche Wertpapiere gibt, beispielsweise eine Reihe von Anleihen.

In anderen Ländern haben diese nationalen Codes auch andere Namen. In der Schweiz zum Beispiel heißen sie Valorennummern.

Wenn sich zwei Anleger oder Investoren über eine Aktie eines eher unbekannten Unternehmens austauschen und einer sich genauer ansehen möchte, welches Unternehmen gemeint ist, dann heißt es also nicht »Buchstabier mal«, sondern »Gib mal die WKN«.

- siehe auch unter *ISIN*

Xetra

steht für *Exchange Electronic Trading* und stellt das elektronische Handelssystem der Deutschen Börse AG für den Kassamarkt dar.[6]

Es gibt in Deutschland mehrere Börsenplätze: Darunter Frankfurt, Stuttgart und eine Handvoll weitere. Xetra kann im Grunde als weitere Börse gesehen werden, obgleich sie wie die Börse Frankfurt in Frankfurt am Main ansässig ist. Im Gegensatz zu den anderen deutschen Börsen, bei denen am Ende immer noch ein Mensch

›auf den Knopf‹ drückt, damit ein Handel
zustande kommt, wird bei Xetra alles voll-
elektronisch abgewickelt und von Menschen nur noch überwacht.

Da dies einige Vorteile, wie eine
schnellere Ausführung der Orders und geringere Kosten mit sich bringt, wird inzwischen ein Großteil des Aktienhandels in
Deutschland über Xetra abgewickelt. Für
DAX-Aktien ist es inzwischen unüblich
einen anderen Börsenplatz als Xetra auszuwählen. Xetra schließt jedoch um halb
sechs, während die Parkettbörsen bis
20:00 Uhr geöffnet haben.

Weshalb die Menschen länger arbeiten
müssen als die Computerbörse bleibt spe-
kulativ. Möglicherweise dient es der Vor-
beugung eines möglichen Minderwertig-
keitskomplexes der Skontroführer, wenn
zu keiner Uhrzeit mehr wirklich was über
sie läuft.

Zeichnung

Zeichnen beschreibt bei einem Börsengang
den erstmaligen Kauf beziehungsweise die
Abgabe eines Kaufgebotes von Aktien eines Unternehmens.

Wenn man solche Aktien erwirbt, sagt
man nicht »gekauft«, sondern »ich hab Aktien der Z-AG gezeichnet«. Zeichnen
kann man übrigens nicht nur Aktien, sondern zum Beispiel auch Zertifikate.

Zerobond	auch Nullkupon-Anleihe

Als *Zerobond* wird eine Anleihe bezeichnet, die keine laufenden Zinsen ausschüttet. Die Zinsen werden einfach über den geringeren Kurs zum Emissionszeitpunkt ausgedrückt.

Ein einfaches Beispiel:
- Ausgabekurs 96€
- Laufzeit: 1 Jahr
- Rückzahlungskurs: 100€ pro Stück

Daraus ergibt sich eine Rendite von 4 %.

Bei längeren Laufzeiten wurden Zerobonds in der Vergangenheit oft für die Verlagerung der Besteuerung genutzt, da keine laufenden Zinsen zu versteuern sind. Dies ergab zum Beispiel Sinn, wenn man kurz vor dem Renteneintritt stand und dann einen geringeren Steuersatz erwartete.

Zertifikat

Zertifikate ermöglichen Anlegern die Teilhabe an der Kursentwicklung bestimmter Wertpapiere oder anderer Finanzinstrumente.

Der Begriff Zertifikat sagt zunächst sehr wenig über das aus, was dahinter steckt. Es gibt Zertifikate, die deutlich weniger Risiko als eine 08/15-Aktie beinhalten und solche, die deutlich mehr Chancen und Risiken mit sich bringen.

Die wichtigste Unterscheidung von Zertis ist die Unterteilung in Anlage- und in Hebelprodukte.

Anlagezertifikate sind ein Stück weit mit dem Risiko ihres Underlyings zu vergleichen. Ein Indexzertifikat auf den Dax hat fast die gleichen Chancen und Risiken wie der Dax selbst.

Man sollte nur wissen, dass jedes Zertifikat eine Anleihe ist, und man immer auch das Risiko eines Bankrotts des Emittenten trägt.

Hebelprodukte hingegen partizipieren überproportional an der Entwicklung des Basiswerts. Man kann somit mit einem Hebelzertifikat auf eine Aktie sehr viel schneller Geld gewinnen oder verlieren, als über den Handel der Aktie selbst.

Die wichtigsten Typen von (Anlage-) Zertifikaten sind Bonus-, Discount- und Garantie- sowie Indexzertifikate.

ZEW-Index

ZEW steht für Zentrum für Europäische Wirtschaftsforschung.

Für die ZEW-Konjunkturerwartungen werden monatlich bis zu 350 Finanzmarktexperten hinsichtlich ihrer Erwartungen zur Konjunktur- und Kapitalmarktentwicklung befragt. Die Daten dienen als Indikator für die konjunkturellen Aussichten in Deutschland.

Der Autor dieses Buches durfte vertretungsweise auch einmal die Fragen beantworten und wurde anschließend von dem vertretenen Kollegen spaßeshalber dafür verantwortlich gemacht, dass die Konjunkturerwartungen überraschend einbrachen.

18. Finanzberatung – gibt es das?

Es ist in Deutschland eher selten der Fall, tatsächlich direkt für die Beratung in Finanzfragen zu zahlen. Daher ist bei vielen Finanzprodukten eine Vertriebsprovision einkalkuliert. Diese wird für die Entlohnung der Verkäufer der Produkte verwendet, am unmittelbarsten ist dies bei Strukturvertrieben der Fall.

Wird man bei Strukturvertrieben gut beraten? Verkäufer von Strukturvertrieben sind fast immer zu 100 % von den Provisionen abhängig. Über verkaufsunabhängige Einnahmen verfügen sie in der Regel nicht. In vielen Fällen verbuchen neue Verkäufer Anfangserfolge, da sie zuerst Verwandten, Bekannten und Freunden die Produkte ihres Strukturvertriebes andienen. Was ethisch wohl unbedenklich wäre, wenn die Produkte dem Interesse und Bedarf des Kunden entsprächen. Meist sind Verkäufer von solchen Vertriebsorganisationen jedoch trotz interner Schulungsmaßnahmen nicht qualifiziert genug, um dies einschätzen zu können, da sie oft Quereinsteiger sind und über keine fundierte Ausbildung im Finanzbereich verfügen.

Die eingepreisten Provisionen sind dabei auch bei empfehlenswerten Produkten in vielen Fällen hoch genug, um theoretisch echte Finanzberatung vornehmen zu können. Dies würde bedeuten einem Kunden auch mal davon abzuraten, etwas abzuschließen und ihm ganz bewusst kein für den Verkäufer lukratives Produkt zu verkaufen. Um sich dies leisten zu können, ist es jedoch notwendig, als Vertriebler genügend Kontakte/monatliche Termine und ausreichend Überzeugungskraft aufzuweisen. Aufgrund der eher schlechten Beratung der meisten Banken und Strukturvertriebe, kann man schließlich als wirklich unabhängiger Berater in vielen Fällen dem Kunden bessere Produkte – die einem ebenfalls gute Provisionen einbringen – anbieten und auch so ein ansehnliches Einkommen erzielen. Diese Produkte verkaufen sich jedoch nicht von selbst, rhetorische Fähigkeiten und ein echtes Verstehen der Finanzmärkte sind für den Verkauf trotzdem notwendig. Diese Voraussetzungen sind jedoch nur bei einer geringen Anzahl von Verkäufern ausreichend vorhanden. Was bedeuten müsste, dass ein seriöser Finanzvertrieb mit eher wenigen, aber fachlich und verkäuferisch qualifizierten Mitarbeitern arbeiten würde. Beinahe sämtliche Strukturvertriebe praktizieren jedoch das genaue Gegenteil: Es wird über die Masse gemacht. Jeder noch so wenig fachlich, wie rhetorisch-verkäuferisch qualifizierte potenzielle Neu-Verkäufer wird nicht nur genommen, sondern sogar heiß umworben: Schließlich bringt jeder Produktverkauf eines neuen Verkäufers an dessen Verwandte und Bekannte mehr Umsatz und letztendlich mehr Gewinn für den Strukturvertrieb. Dabei ist jenen, die bereits länger in der Branche tätig sind, bekannt, dass die Quote der langfristig erfolgreichen Verkäufer sehr gering ist. Dies wird Anfängern jedoch verheimlicht. Es verschweigen also nicht nur die Verkäufer ihren Kunden, sondern auch die Vertriebe ihren Verkäufern etwas, um diese für sich zu gewinnen.

Dabei ist es nicht die Natur des Strukturvertriebes, die ihren schlechten Ruf ausmacht, sondern ihre Praxis. Sie müssten ihren Kunden nicht ins Gesicht lügen, um erfolgreich sein können. Aber so kann man eben schneller mehr Geld verdienen. Strukturvertriebe, die in der Vergangenheit erfolgreich an einem zu Recht beschämenden Image gearbeitet haben, sind zum Beispiel die Deutsche Vermögensberatung AG (Gründer: Reinfried Pohl), AWD (Gründer: Carsten Maschmeyer), Bonnfinanz, OVB und auch MLP.

Fazit: Jeder Strukturvertrieb, der bei der Selektion seiner Verkäufer nicht sehr wählerisch ist, wovon bei allen großen Vertriebsorganisationen ausgegangen werden kann, hat vermutlich wenig Interesse daran, seinen Kunden gegenüber ehrlicher zu sein als gegenüber seinen Verkäufern. Hier kann man in den allermeisten Fällen davon ausgehen, mit mehr oder weniger großen Unwahrheiten ›beraten‹ zu werden.

Wie sieht es in Banken aus? Grundsätzlich sind deren Kundenberater (intern gern auch nüchtern ›Verkäufer‹ genannt) finanziell weniger abhängig vom Verkauf der Produkte. Der Großteil des Gehalts wird oft unabhängig vom Verkaufserfolg gezahlt. Jedoch sind die meisten Banken sehr verkaufsorientiert und setzen ihren Verkäufern/Beratern hohe Ziele beim Produktverkauf. Dabei wird kein allgemeines finanzielles Ziel wie *x Tausend Euro Ertrag pro Monat* ausgelobt, sondern in fast allen Banken, inklusive Volksbanken und Sparkassen, wird das Verkaufsziel produktbezogen festgelegt. Der Verkäufer bekommt genau vorgegeben, welche Summe er in den verschiedenen Produktkategorien verkaufen muss: ›Fonds mit Ausgabeaufschlag‹, ›Bausparverträge‹, ›Versicherungsprodukte‹ usw. Zusätzlich werden dann noch besondere Vertriebsaktionen gestartet, bei denen das exakte Produkt vorgegeben ist. Wenn die Bank davon dann *x* Mio. Euro an den Mann oder die Frau bringen möchte, wird dies einfach auf jeden Verkäufer runter gerechnet. Dieser *muss* dann das entsprechende Produkt verkaufen. Ob er von dem

Produkt etwas hält, ist der Bank dabei relativ egal. Dabei sollte jedoch auch erwähnt werden, dass eine zentrale Produktvorauswahl auch der Qualitätssicherung dienen *kann* - so könnte dann kein ›wild‹ gewordener Verkäufer völlig ungeeignete Produkte an seine Kunden verkaufen. In der Praxis dient das Vorschreiben bestimmter Produkte jedoch nicht der Qualitätssicherung, sondern der Ertragsoptimierung.

Viele Verkäufer in Banken werden von ihren Vorgesetzten und diese wiederum von der Bankführung unter starken Verkaufsdruck gesetzt. Nicht selten haben Verkäufer das Gefühl, um ihren Job bangen zu müssen, wenn sie ihre Verkaufsziele nicht erfüllen.

Die Vertriebspraxis vieler Banken ähnelt mehr und mehr der rein auf den Verkauf blickenden Strukturvertriebe. Selbst so manche Volksbank oder Sparkasse hat inzwischen ähnliche Vertriebsstrukturen und Ziele wie börsennotierte Privatbanken.

Fazit: Es ist bei den allermeisten Banken systembedingt kaum möglich, außer wenn zufällig Ihr Nutzen tatsächlich durch das gerade zu verkaufende Produkt gut gedeckt wird, das für Sie passende Produkt angeboten zu bekommen. Denn dort, wo Zielvorgaben für Produktkategorien oder genau benannte Produkte allzu konkret sind, kann die Kundenorientierung nur sehr begrenzt sein. Auch bei Banken und Sparkassen müssen Sie also leider davon ausgehen, mit mehr oder weniger großen Lügen ›beraten‹ zu werden, wenn Ihnen scheinbare Fakten präsentiert oder wichtige Details verschwiegen werden. Das Gefälle ist jedoch sehr groß und reicht von fast akzeptabler bis ungeheuerlich schlechter Beratung. Bei Volksbanken und Sparkassen ist der Verkaufsdruck manchmal noch etwas geringer als bei den Privatbanken – aber auch hier muss man Glück haben. Vielleicht haben Sie auch mal einen Verkäufer vor sich, der sich durch enorme Charakterstärke auch nach Jahren, in denen kaum jemand in der Bank von Kundenberatung, sondern fast jeder nur von Produktverkauf spricht, ein Restgewissen bewahrt hat. Hat dieser Berater dann all seine vorgegebenen Verkaufsziele erreicht, wird er Ihnen vielleicht tatsächlich einen guten Rat geben.

Um auf Nummer sicher zu gehen, gehen Sie am besten nur im November oder Dezember zu Gesprächen in eine Bank. Und zwar mit Ihrem Hund. Leihen Sie sich zur Not einen. Bringen Sie ihm bei, Ihnen beim Geruch von Angstschweiß ein diskretes Signal zu geben – wie etwa Zollhunde, die sich beim Geruch von Drogen durch ein unauffälliges Hinsetzen und Nichtstun auszeichnen, um einen möglichen Drogenkurier nicht zu alarmieren. Ein Verkäufer, der seine Jahresziele noch nicht erreicht hat, wird seinen Angstschweiß zwar mittels Sakko vor Ihnen, nicht jedoch vor einer feinen Spürnase verbergen können. Merke: Ein Sakko in warmen Räumen kann in einer Bank somit ein verräterisches Signal sein. Kühle Räume, die ein Sakko rechtfertigen, müssen jedoch kein Grund zur Entwarnung sein – vielleicht hat die Bank hier einfach mitgedacht und die Klimatisierung entsprechend eingestellt. Vertrauen Sie hier einfach Ihrem Begleiter – bleibt sein Signal aus, ist eine echte Beratung etwas wahrscheinlicher als sonst.

Außerdem gilt: Ein Berater, der sich der Erreichung seiner Ziele sicher ist, macht zum Jahresende hin mitunter schon mal einen bemerkenswert tiefenentspannten Eindruck. Nicht zu verwechseln ist dieser Zustand jedoch mit der möglichen Resignation, wenn ein Verkäufer sicher ist, seine Ziele eh nicht mehr erreichen zu können.

Gibt es noch andere Möglichkeiten? Neben bankenunabhängigen Honorarberatern und einigen kleineren etwas ethischer ausgerichteten Banken gibt es beispielsweise noch die Quirin Bank, die versucht die Dinge anders zu anzugehen. Sie berechnet beispielweise keine Ausgabeaufschläge, sondern lässt sich wie ein Honorarberater direkt vom Kunden bezahlen. Was sich gut anhört, wenn man bereit ist, die entsprechenden Summen aufzuwenden. Zumindest sollte dies den Interessenskonflikt, dem andere Banken unterliegen, auflösen. Ob am Ende eine bessere Beratung steht, kann der Autor jedoch nicht beurteilen. Wenig erfreulich ist auf jeden Fall die Börsennotierung der Quirin Bank, denn Aktionäre sind bekanntermaßen eher am kurz- bis mittelfristigen Erfolg, als an langfristigen Visionen interessiert.

Zusammenfassung

Für Beratungsgespräche bei Banken und Strukturvertrieben gilt Schätzungen des Autors zufolge folgende Faustformel: 30/65/5: In 30 % aller Verkaufsgespräche wird man als Kunde mehr oder weniger völlig falsch beraten, in knapp zwei Dritteln der Fälle wird man mittelmäßig bis eher schlecht beraten und bekommt tendenziell etwas zu teure Produkte angeboten, die aber nicht immer völlig am Bedarf des Kunden vorbeigehen. In etwa jedem 20. Gespräch hat man das Glück halbwegs bedarfsgerecht oder vielleicht sogar mal gut beraten zu werden. Wer wirklich gut beraten wird, kann sich also zu einer Minderheit zählen. Allerdings glauben mehr als die Hälfte aller Kunden zu den gut beratenen zu gehören. In etwa so wie die 80 % der Autofahrer, die sich für überdurchschnittlich gute Fahrer halten. Bei näherem Hinsehen gestaltet sich das als schwierig, da eigentlich nur etwa 49 % überdurchschnittlich gut sein können - die Erfahrung zeigt, der Durchschnitt liegt verrückterweise oft in der Mitte.

Eigentlich scheint nur eine Lösung ersichtlich: die Honorarberatung. Denn nur so kann der Interessenskonflikt der Millionen von Kunden bereits Milliarden von Euro gekostet hat, aufgelöst werden. Berücksichtigt man die offenen und versteckten Kosten der provisionsträchtigen Beratung, kann man die Honorarberatung im Grunde als günstig bezeichnen.

Wer sich eine Honorarberatung nicht leisten kann, muss sich selbst das Nötigste beibringen oder darauf hoffen, an einen kompetenten Berater mit Gewissen zu raten.

Davon abgesehen sind die Empfehlungen der Zeitschrift ›Finanztest‹ grundsätzlich als seriös und kompetent einzustufen und können meist ruhigen Gewissens zurate gezogen werden.

»Bankraub ist eine Initiative von Dilettanten.
Wahre Profis gründen eine Bank.«

Bertolt Brecht

19. Wie sie nie mit Verlust verkaufen!

Wie Sie niemals mit Verlust verkaufen? Verkaufen Sie einfach nie! Anders geht es nicht.

Der Wunsch, niemals mit Verlust verkaufen zu müssen ist leider genau kontraproduktiv. Wer etwas gewinnen will, muss bereit sein, etwas zu verlieren.

Wenn Sie nicht den Mumm haben, Investments bei 15 % oder 20 % Verlust zu verkaufen, werden einige dieser Investments bald 30 % oder 40 % im Minus sein. Selbst dann kann es in vielen Fällen noch richtig sein, zu verkaufen. Fragen Sie mal die ehrlichen und erfahrenen Anleger in Ihrem Bekanntenkreis. Viele werden von Siebzig-Prozent-im-Minus- oder schlimmeren Leichen in ihrem Investmentkeller zu berichten wissen, falls sie den Mut aufbringen, sich zu erinnern. Wenngleich die Tagesration Mut dann vielleicht schon für das Erinnern verbraucht wird und nicht mehr ausreicht, um auch noch offen darüber zu reden.

Kann doch aber sein, die Aktien steigen wieder!? Ja, kann sein. Die Frage ist aber nicht, was sein *kann*, sondern was wahrscheinlicher ist. Die Frage ist, womit man durchschnittlich richtigliegen und somit langfristig erfolgreich sein wird. Einzelfälle, in denen alles ganz anders ist, wird es immer geben.

Es wird passieren, dass Sie eine Aktie verkaufen, die anschließend wieder an Wert gewinnt. Das tut verdammt weh. Akzeptieren Sie diesen Schmerz schon einmal bevor Sie anfangen zu investieren, denn er ist Teil des Lebens jedes erfolgreichen Investors.

Sogar bei (Long-only-)Fonds kann ein zwischenzeitlicher Verkauf erfolgreich sein, wenngleich dies im Allgemeinen schwer umzusetzen und auch eher unüblich ist. Es gibt jedoch beispielsweise eine simple DAX-Strategie, die sich mittels eines ETF umsetzen ließe: Zum Jahresbeginn wird festgelegt, dass man sobald der DAX unter 90 % des Wertes vom Ende des Vorjahres (der Stop-Loss ist also bei 10 %) fällt, aussteigt und bis zum Anfang des nächsten Jahres wartet und das Geld bis dahin bspw. als Festgeld anlegt. Wird die Stop-Loss-Grenze nicht erreicht, bleibt man einfach investiert. Diese Strategie hat den DAX von 1989 bis 2016 deutlich geschlagen.

Grundsätzlich gilt also: Einzeltitel sollten Sie bereit sein, zu verkaufen und im Grunde nur mit einem vorher festgelegten Stop-Loss erwerben. Bei Produkten die einen breiteren Markt abdecken, kann – muss aber nicht – ein zwischenzeitlicher Verkauf ebenfalls Sinn machen, wie die oben erwähnte Strategie beispielhaft zeigen sollte.

Merken Sie sich: Die Trendumkehr erfolgt meist nicht so schnell, wie dies Anleger im Allgemeinen erwarten. Ausnahmen bestätigen die Regel genau dann, wenn einem die Regel lieber wäre als die Ausnahme.

20. Buchempfehlungen, nützliche Webseiten

Bücher:

- *Behavioral Finance* (J. Goldberg und R. von Nitzsch)
  Ein Buch über psychologische Erklärungsansätze für das menschliche Verhalten bei wirtschaftlichen Entscheidungen. Auch für Einsteiger gut verständlich.

- *Buffettology* (Mary Buffett & David Clark)
  Beschreibt die Philosophie und Methoden von Warren Buffett – einem der erfolgreichsten Investoren der vergangenen Jahrzehnte.

- *Technische Analyse der Finanzmärkte* (John J. Murphy)
  Die Bücher von Murphy sind die Standardwerke der technischen Analyse. Auch ohne zum technischen Analysten werden zu wollen, kann man hier Einiges lernen.

- *Clever Traden mit System* (Van K. Tharp)
  Wertvolle Informationen nicht nur für die Entwicklung von Tradingsystemen – die Erkenntnisse können ebenso für das Investieren genutzt werden. Die Ausgaben von 2001 und 2007 (*2.0*) sind bis auf ein Kapitel im Grunde gleich, auch wenn sich jemand die Mühe gemacht hat, praktisch den gesamten! Text einfach nur umzuformulieren, ohne irgendwelche echten inhaltlichen Änderungen vorzunehmen.

Nützliche Webseiten:

Nachrichten:

- bloomberg.com
- handelsblatt.com
- reuters.de
- wiwo.de

Wirtschaftskalender:

- bloomberg.com/markets/economic-calendar

Allgemeine Informationen/Verschiedenes:

- institutional-money.com
- godmode-trader.de
- leitzinsen.info
- onvista.de

Fonds:

- fondsweb.de

  Die Angaben unter dem Reiter »Portfoliostruktur« waren in der Vergangenheit leider in manchen Fällen falsch. Bitte verlassen Sie sich hier nicht auf die Richtigkeit der Daten

- fundinfo.com (Fondsunterlagen)

Schließen möchte ich mit einem südamerikanischen Sprichwort, welches viele Geschehnisse der (Finanz-)Welt angenehm lakonisch erklärt:

»Wer mit Nüssen bezahlt, bekommt eben nur Affen.«

[1] Deutsche Börse AG, »Börse von A bis Z«
[2] Boersenlexikon.faz.net
[3] Meier, P., 2003: Hedgefonds als Absolutrendite-Anlageprodukte. In: Leser/Rudolf (Hrsg.): Handbuch Institutionelles Asset Management. Wiesbaden: Gabler, 747-751
[4] Financial Times, 2008
[5] Goldberg/von Nitsch, 2004: Behavioral Finance. FinanzBuch Verlag
[6] Wikipedia